SCHWABEN

Kulinarische Streifzüge

Hans-Dieter Reichert
Dieter Wägerle

SCHWABEN

Kulinarische Streifzüge

Mit 75 Rezepten,
exklusiv fotografiert
für dieses Buch
von
Hans Joachim Döbbelin

SIGLOCH
EDITION

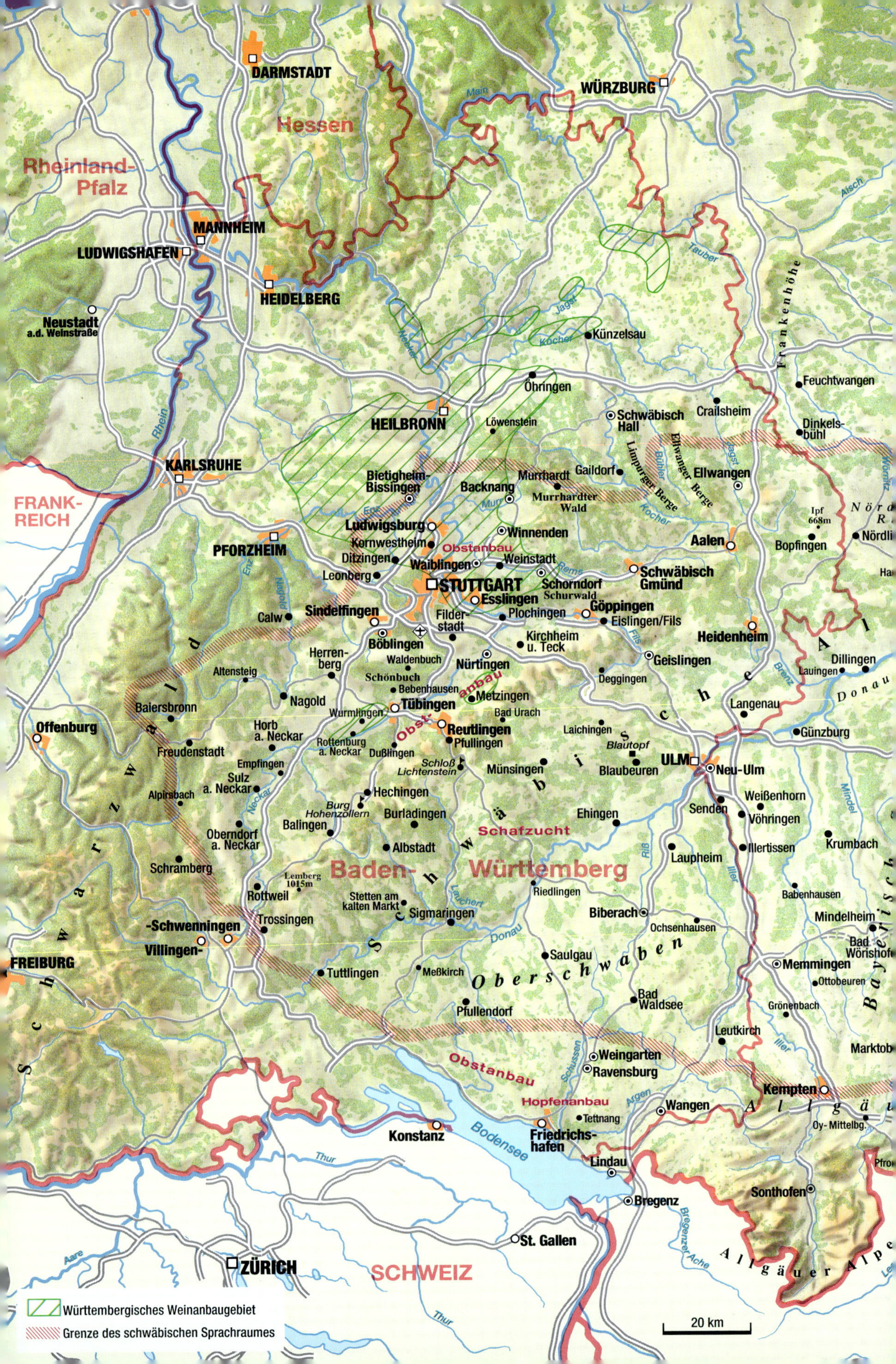
DARMSTADT
WÜRZBURG
Hessen
Rheinland-Pfalz
MANNHEIM
LUDWIGSHAFEN
HEIDELBERG
Neustadt a.d. Weinstraße
Künzelsau
Öhringen
Feuchtwangen
Crailsheim
Dinkelsbühl
HEILBRONN
Löwenstein
Schwäbisch Hall
KARLSRUHE
FRANKREICH
Bietigheim-Bissingen
Backnang
Murrhardt
Murrhardter Wald
Gaildorf
Limpurger Berge
Ellwanger Berge
Ellwangen
Ludwigsburg
Kornwestheim
Winnenden
Aalen
Ipf 668m
Bopfingen
Nördlingen
PFORZHEIM
Ditzingen
Obstanbau
Waiblingen
Weinstadt
Leonberg
STUTTGART
Esslingen
Schorndorf
Schurwald
Schwäbisch Gmünd
Göppingen
Calw
Sindelfingen
Filderstadt
Plochingen
Eislingen/Fils
Heidenheim
Böblingen
Kirchheim u. Teck
Herrenberg
Waldenbuch
Nürtingen
Geislingen
Dillingen
Lauingen
Altensteig
Schönbuch
Bebenhausen
Deggingen
Nagold
Metzingen
Langenau
Baiersbronn
Tübingen
Bad Urach
Offenburg
Wurmlingen
Reutlingen
Günzburg
Horb a. Neckar
Rottenburg a. Neckar
Pfullingen
Laichingen
Freudenstadt
Dußlingen
Blautopf
ULM
Neu-Ulm
Empfingen
Schloß Lichtenstein
Münsingen
Blaubeuren
Sulz a. Neckar
Alpirsbach
Hechingen
Weißenhorn
Burg Hohenzollern
Senden
Vöhringen
Burladingen
Ehingen
Balingen
Schafzucht
Oberndorf a. Neckar
Illertissen
Krumbach
Albstadt
Laupheim
Schramberg
Baden-Württemberg
Lemberg 1015m
Riedlingen
Babenhausen
Rottweil
Stetten am kalten Markt
Biberach
Mindelheim
Trossingen
Sigmaringen
Ochsenhausen
Bad Wörishofen
-Schwenningen
Villingen-
FREIBURG
Saulgau
Memmingen
Ottobeuren
Tuttlingen
Meßkirch
Oberschwaben
Bad Waldsee
Grönenbach
Pfullendorf
Leutkirch
Marktoberdorf
Schwarzwald
Schwäbische Alb
Frankenhöhe
Weingarten
Ravensburg
Obstanbau
Kempten
Hopfenanbau
Wangen
Allgäu
Konstanz
Bodensee
Tettnang
Friedrichshafen
Oy-Mittelbg.
Lindau
Sonthofen
Bregenz
St. Gallen
Allgäuer Alpen
ZÜRICH
SCHWEIZ
Main
Tauber
Jagst
Kocher
Neckar
Rhein
Enz
Murr
Rems
Fils
Brenz
Donau
Nagold
Lauchert
Riß
Iller
Mindel
Schussen
Argen
Thur
Aare
Bregenzer Ache
Wörnitz
Bühler
Aisch
Württembergisches Weinanbaugebiet
Grenze des schwäbischen Sprachraumes
20 km

Studio für Landkartentechnik, Hamburg

Inhalt

Zu Seite 2 und oben: Zwei Höhepunkte Schwabens: Die junge Donau hat auf ihrem Weg durch die Alb Felsbastionen wie den Stiegelesfels bei Fridingen geschaffen (oben). Doch im harten, klüftigen Jurakalk versickern Fluß- und Regenwasser auch oft zu rasch – manchmal ungünstig für die Landwirtschaft.

Ohne Wasserprobleme gedeihen jedoch Obst und Wein zu Füßen der Wurmlinger Kapelle. Ihre Lage über dem Neckartal bei Rottenburg machte sie bekannt, und natürlich auch Ludwig Uhlands Gedicht: „Droben stehet die Kapelle, schauet still ins Tal hinab ...“

Grüß Gott, liebe Leserinnen und Leser,

Schwaben international! Daß Schwäbisch eine Weltsprache ist, war Ihnen ja längst bekannt. Schließlich gibt es kaum einen Landstrich auf diesem Globus, wo Sie nicht schwäbische Laute vernehmen können – keineswegs nur von ausschwärmenden Touristen namens Eberle, Häberle, Wägerle, Reichert, oder wie gediegene Schwaben sonst noch heißen. Da gibt's nämlich überall verstreut schon seit hundertfünfzig oder zweihundert Jahren Leut namens Baeuerle, Aeckerle, Oechsle, Laemmle – ond wenn's goht, schwätzet die no Schwäbisch wie die Alte. Die gingen damals naus, weil's auf der Schwäbischen, der Rauhen Alb kaum was zum Beißen gab. Noch nichts zu sehen von Albwasserversorgung, Dampfpflug, Traktor, Kunstdünger ... Und deswegen auch der Spruch: „Bei ons schmeckt mr net lang, do ißt mr!“ Aber heut goht's ons doch nemme schlecht, oder? Da brauchet mr koin Mehlbapp meh an d'Soß nazrühra, wia's früher d'Regel war. Wir mögen und machen es doch lieber etwas leichter, delikater, mit mehr Erfindungsreichtum. Den haben wir ja – nicht nur für Autos, Zeppeline, Rechenmaschinen, Waagen ...

Alsdann: en guete!

Ihre

Dieter Wägerle und

Hans-Dieter Reichert

Essen und Trinken hält Leib und Seele zusammen

Ist das so? Oder stimmt nur die Hälfte? Das mit der Seele mag ja zutreffen, aber wenn ich der Logik meines genußfreudigen alten Onkels folge, stimmt die den Leib betreffende Behauptung nur mit Maßen. Von Zeit zu Zeit pflegt er zu sagen: „I ka zuagucka, wia i ausanandergang! Drbei eß i am Dag doch net meh als dreimol!" Die Mitte siebzig hat er hinter sich, und er ist ein Schwabe. Ich bin auch einer, und wenn ich die Mitte siebzig auf der Badezimmerwaage nicht überschreiten will, muß ich mich am Tag mehr als zweimal zusammennehmen, um meinen wachstumsfreudigen Leib zusammenzuhalten. Die Seele jauchzt dann um so mehr, wenn dem Magen seine geliebte Leibspeise zuteil wird, das heißt besser gesagt, der schleckige Gaumen wenigstens einmal am Tag stammesgerichtlich gekitzelt wird.
Was ich damit sagen will: I eß gern, muß aber ufpassa wia a Heftlesmacher, daß i net wia a Dampfnudel ausanandergang. Solchermaßen verbringe ich meine Tage zwischen Wunsch und von Eitelkeit diktierter Wirklichkeit. Da taucht dann zuweilen auch so manche Frustration auf, und Frustration heißt in der schwäbischen Übersetzung „Luschdverluschd"! Mit diesem Lustverlust muß ich leben. Gewisse Annäherungswerte an die anatomische Ästhetik jenes griechischen Diskuswerfers bezahlt man durch den Verzicht auf jährlich mindestens 730 Portionen Knöchla, Haxa, Rippla, Schwartamaga oder, wer's gern süß hätte, Schwarzwälder Kirschtorte, um nur eine höchst beschränkte Anzahl möglicher Zwischenmahlzeiten im Jahreslauf aufzuzählen. Der schwäbische Grundsatz „Sott guat sei ond net wenig" entbehrt bedauerlicherweise der Konsequenzen, die zu einem Schönheitsideal führen. Als ich in einem renommierten Café in Stuttgart mittags meinen Schwarzen nahm, brachte es eine gemütliche Dicke im Schwätz mit der Nachbarin so auf den Punkt: „Mr ka's net heba, Konfekt stoht oifach gega Konfektio. I han me für mei Schneiderin entschieda!" Sprach's und bestellte sich einen Zwetschgenkuchen mit Schlagsahne.
Gott sei Dank ist wenigstens das Essen in Kochbüchern völlig ungefährlich. Ich habe einen Kollegen, der eine fünfzigbändige Kochbuchsammlung besitzt. Er ist schlank dabei geblieben. Das liegt daran: Er kann nicht kochen, liest aber gern. Mit ihm kann ich mich

Nächste Seite: So lebhaft wie hier in Esslingen zu Füßen seiner „Burg" geht es an Markttagen vielerorts im Ländle zu. Und wie wär's, nach dem Einkaufen zum Vespern in den „Hirsch", den „Ochsen" oder ins „Goldene Lamm" zu sitzen?

Seifenfabrikation
Alfred Kielmeyer
Colonialwaren

stundenlang über das Essen unterhalten. Er ist ein Genießer der Phantasie. Er durchquert ein Fünf-Gänge-Menü mit der gleichen Lust wie die Sahara. Dort war er auch noch nicht. Als ich ihm an einem samtweichen Sommerabend in der Gartenlandschaft meines Balkons einen schwäbischen Wurstsalat mit Röstkartoffeln bot und einen trockenen Trollinger dazu kredenzte, ließ er sich zu dem Satz hinreißen: „Das ist eine Oase ländlicher Köstlichkeiten." Der Mann ist, zugegeben, ein Poet, der sich die Lust durch allerlei Verzicht täglich ersteigert, ob nun auf Balkonen, in Gartenwirtschaften oder Feinschmeckerlokalen, die er durchaus bisweilen auch beehrt. Er ist reif für Kaviar und Kutteln. Seine Neugier ist nicht zu zähmen, und ihm wird die schwäbische Lektion unserer Küchenreise, verfaßt von Sebastian Blau, mindestens genausoviel Vergnügen bereiten wie ein Spaziergang durch die Küche Kantons. Also: Wie hätten wir's denn gern?

Nun muß man der Ehrlichkeit halber sagen, das Gedicht ist fast zwanzig Jahre alt, und inzwischen weiß auch der hier zitierte Ober mehr. Die Köche sind polyglotter geworden und ihre Kellner auch,

Wia-n-e so sitz ond d Speiskaat studier,
komm e mr vor wia dr
Ochs vor dr Tür:

„Fleischbrühe" sag e ond
brich mr schier d Zong.

„Hammr nich", sait r,
„nehmse ‚Bulljong'."

„Flädlessupp – kennt ma'
des et en Berlin?" –
„Nö, awa ‚Consommé
Celestine'."...

Mo-n-en hao' gfroget: „Wia
ists mit em Brote?"
hot r zo ‚Rossbiff' ond
‚Entrekott' grote'. ...

„Oder au Buabespitzlen
mit Kraut?" –
„Wohl Kannibale? Mensch,
sahrnses nich laut!"

„Kratzete au et mit
Zwetschge'-n-ond
Schnitz?" –
„Kratzete? – Ausschlach!
det is ja en Witz."

„Gaisburger Marsch?" –
Ond r schüttlet de' Kopf:
„Nö, awa schwebischen
Suppentopf."

„Aber doch Spätzlen?"
(was bleibt oam uf d Läng?)
– „Könnense haben in
jeder Menge..."

Was für e' Wonder en
ao'serer Zeit,
daß es en Stuaget noh
Spätzlen geit!

aus: „E' fei's Lokal" von
Sebastian Blau

Der dürre Besen sagt dem Kenner viel. Zur Besenwirtschaft geht der Gast zu Fuß, er weiß warum.

und zu dieser „Vielsprache" der Küche ist auch das Schwäbische gekommen. Es war längst Zeit dafür. Das gehobene Speisekartenchinesisch macht mir noch immer einigen Verdruß. Kutteln „an" Röstkartoffeln ginge mir nie über die Zunge. Da bin ich ein konservativer „mit"-Esser und halte es mit meinem Freund Manfred, der das „an"-und-für-sich dieses Küchenlateins einmal auf den einfachen Nenner brachte: „Wenn Kutteln ‚an' sind, mußt du ‚mit' mindestens vierzig Mark rechnen, und dann heißen sie noch Tripes. Auf diesem Trip mach' ich nicht mit."
Da bleib' auch ich auf dem Boden heimischer Sprachgewohnheiten und verzichte lieber auf den Stern im Hutzlifatzliführer oder die Mütze im „Guide", halt's mit der Güte der Landesküche, schwätz schwäbisch, eß schwäbisch und zahl schwäbisch, was indes nur auf den Preis des Essens und Trinkens, nicht aber auf das Trinkgeld bezogen sein sollte.
Und jetzt: Hält denn nun Essen und Trinken Leib und Seele zusammen? Natürlich hält es! Egal, ob und wie man das Ränzlein bändigt oder schnürt: Essen und Trinken gehört fraglos zu den so oft zitierten „drei schönsten Dingen des Lebens". Meister Goethe, der Genießer, wußte das auch. Sein Schwabenlob ist ein jubelnder Aufschrei: „Laßt uns nach Schwaben entfliehen! Hilf, Himmel! Es findet sich süße Speise da und alles Guten in Fülle ... Und man bäckt im Lande das Brot mit Butter und Eiern." Außer der Süßspeise und dem guten Brot ist seinem Reineke Fuchs allerdings nichts eingefallen, als dieser seine Frau dazu überreden wollte, vor dem König ins gelobte Paradies zu entfliehen. Der listige Hesse, des guten Essens und Trinkens fürwahr nicht unkundig, hat da wohl ein bißchen dick aufgetragen. Trotzdem: An anderer Stelle war er von Küche, Keller und Landschaft recht angetan, und auf seinen Reisen hat er wohl außer Süßem, Brot, Knöpfla und Spätzla auch noch verführerischer Genüsse des deutschen Südwestens teilhaftig werden dürfen, lebten doch unsere Ahnen nicht nur von Milch, Mehl, Zucker und Eiern, gab's doch auch Gemüse, Obst, Fleisch, Geflügel, Wildbret und Fisch. Ganz zu schweigen vom Wein, den uns die Römer schon ins Land gebracht hatten. Hauptgetränke waren damals jedoch das Bier und der Most. Für das einfache Volk

– Wengerter ausgenommen – war der Wein meist zu teuer. Das Gebet der Jetztzeit „Unseren täglichen Trollinger gib uns heute" wurde erst nach dem Zweiten Weltkrieg populär.
Unterm Strich: Zum Feinschmekker, zum Gourmet fühlen sich die wenigsten von uns Schwaben geboren. Dagegen steht noch immer die bäuerliche, habhafte Küche. Aber was gut ist, wissen wir allemal, und die Freude am Genuß wächst. Unsere pietistischen Ahnen, hauptsächlich im Württembergischen, verlieren mehr und mehr die Küchenmacht, der feine Geschmackssinn entwickelt sich, kulinarische Klimmzüge gehören schon zum Trainingsprogramm der Jungen, Fast food wird fad, und Ketchup ist Kinderzeug. Die Internationale der Küche marschiert italienisch-französisch-chinesisch-griechisch-spanisch. Der Wettbewerb wird größer – und mein Freund Ernesto aus Bari geht an seinem freien Tag schwäbisch essen. Wenn das kein Zeichen ist, was soll dann eines sein!

Daß der Wein aus dem Schwabenland außerhalb der Landesgrenzen kaum bekannt ist – im Gegensatz zu den schwäbischen Autos –, hat seinen guten Grund: Die vielen Weinzähne im Land süpflen den Trollinger, Silvaner, Riesling, oder was der liebe Gott so wie hier am Rotenberg bei Stuttgart-Untertürkheim sonst noch wachsen ließ, am liebsten selbst.

RECHT BACHA . . .

Dem Priester in Berg bei Ravensburg, der den Palmsonntag begeht, ist die Brezel mit ihren verschlungenen Armen ein Sinnbild für die Ewigkeit.

Nicht „recht bacha“ zu sein, ist für einen Schwaben ein erheblicher Makel. „Altbacha“ sind viele und bekennen sich sogar dazu, heißt das doch nichts anderes, als ein wenig konservativ, hinter der Zeit, aber damit auch hinter deren aktuellen Untugenden zu sein. „Obacha“, also ganz und gar ungebacken, nicht durch die Läuterung der Ofenhitze, meinethalben auch des Fegefeuers gegangen zu sein, steht sowohl für unmodern, unmöglich, ungezogen, unfertig, gehirnlos und maßlos. „A obachene Forderung“ wäre beispielsweise das kühne Ansinnen an einen Politiker, doch die Wahrheit zu sagen.
„Recht bacha“ ist all das, was der Kritik standhält und, um auf Brot, Wecken und Brötla oder Guatsla (Plätzchen) zu kommen, also richtig gebacken ist, einem somit auch nicht im Magen liegt und womöglich nachher sauer aufstößt. Dem „Beck“, dem Bäcker, obliegt es nun, seine Werke, das Backwerk, tunlichst „recht bacha“ auf den Ladentisch zu bringen, wenn er nicht Gefahr laufen will, als „Beckaseggl“ tituliert zu werden. Das ist ein Schimpfwort für einen nicht gerade sehr regsamen Menschen und kann deshalb mit Fug und Recht auch jederzeit auf Metzger, Journalisten, Lehrer, Professoren und Politiker angewendet werden, wenn sie es an geistiger Regsamkeit, an Kreativität, an Phantasie fehlen lassen. Alle Bäcker des Landes mögen an dieser Feststellung erkennen, daß sie nur als Sinngestalt herhalten mußten, vermutlich deshalb, weil man von ihnen nicht nur die Weißheit des Mehls, sondern eben auch die Weisheit des Homo sapiens erwartet. Der Bäcker hieß übrigens früher Pfister, abgeleitet vom lateinischen Wort *pistor,* was Bäcker und Müller in einem bedeutet. Und noch etwas zu diesem Berufsstand, zu diesem ehrbaren Handwerk. Der Beck galt oft ganz zu Unrecht als faul, zu Recht aber sehr wohl als behaglich. Zum „Beckenexamen“, so spotteten nicht nur die Metzger, gehöre auch die Bedingung, eine Stunde lang zum Fenster hinauszuschauen, ohne etwas zu denken. Daß schon früher die Bäcker wie wohl kein anderer Stand, ausgenommen die Nachtwächter, ihr Handwerk zu nachtschlafender Zeit beginnen mußten, wollte dabei wohl niemand bedenken – warum sollten sie nicht, bevor die nächsten Brote eingeschossen werden mußten, auch einmal ihren Meggl für eine

Weile an die frische Luft raushängen und dabei ihr „Examen“ machen.
Diesen Teig könnte ich noch lange kneten und noch manchen altbachenen Wecken wieder aufwärmen („ufbaia“).
Besonderes Lob fanden im Lande die Bäcker in Reutlingen, Biberach und Ulm, weil sie dort schon früher mit ihren Mutscheln den Leuten trefflich nach dem Munde buken. Aber das sind ja nicht die einzigen Köstlichkeiten aus der Backstube, deren wir Schwaben uns weltweit rühmen – zu Recht? Überliefert wird jedenfalls die Geschichte von jenem Beck in Urach, der etwas Arges verbosget hatte und deswegen an den Galgen sollte, es sei denn – so das Urteil des allergnädigsten Grafen –, er backe ihm ein Brot, durch das dreifach das Licht der Sonne falle.
Das knitze Beckesweib, beim Richtspruch über ihren Eheherrn zugegen, verschränkte darob sichtbarlich die Arme. Dieses Zeichen verstand der Bösewicht, und er rettete sein Leben mit der ersten Laugebrezel der Welt.
Wir wissen natürlich längst, daß dieses Geschichtle auch in anderen Landstrichen vom Erfindungs-

Ein Bäcker, der nicht täglich frische Brezeln anbieten würde, wäre für einen Schwaben kaum vorstellbar.

Rechte Seite: Als „Großstadt zwischen Wald und Reben" zeigte sich die Landeshauptstadt Stuttgart von der Neuen Weinsteige aus, schon lange bevor sie sich als „Partner der Welt" anbot. Den meisten Stuttgartern ist das alte Sprüchle mehr aus dem Herzen gesprochen – das neue verspricht ihnen mehr in den Geldbeutel.

reichtum der dortigen Bäckersleut kündet. Verstehen wir es also als Loblied auf die tüchtigen Bäckersfrauen schlechthin – und auf ihre tatkräftigen Arme. Denn das ist gewiß: Auf die Ärmle, die lateinischen *bracchilla,* kommt's bei der Brezel an, und da hatte wohl die legendäre Urheberin der bayerischen Brezel weitaus Stämmigeres vorzuweisen als ihre schwäbische Kusine, sonst gäb's nicht noch heute solche Unterschiede. Überhaupt: Auch hierzulande sind sie ja nicht alle gleich, die Brezeln, Gott sei Dank – uns Schwaben wäre sonst eines unserer erregendsten Diskussionsthemen genommen. Und es gibt nicht wenige Leut, die kilometerweite Umwege in Kauf nehmen, um die eindeutig besten Brezeln ringsum in der Guck anzubringen. Doch wenn Sie einem Mädle aus Schwaben in einsam weitentferntes Land als heimatlichen Gruß eine Brezel schicken – sie mag dort beinhart oder lommelig weich aus der knisternden Verpackung herauskommen, unter Tränen der Rührung und des Heimwehs wird der Schatz sie verzehren, wenn's sein muß in die Cup of tea oder den Café au lait ei'donkt, um sie überhaupt beißen zu können.

Stuttgarts sparsamer OB Manfred Rommel hat schon auf vielen internationalen Empfängen bei einem Viertele Rotem und einer Brezel den Hochwohllöblichen dieser Welt klargemacht, daß die einfachen Genüsse nicht selten auch die besten sind. Na ja, der Kerle isch moischdens recht bacha, selbst dann, wenn er auf mitunter recht verschlungenen Wegen um den heißen Brei herumschwätzt, um am Ziel angelangt womöglich noch einen obachena Witz zu machen.
Ein weiteres sind unsere Seelen. Nicht die in unserer Brust natürlich, über die sprechen wir nicht gern, sondern jene knapp zwei Handspannen langen, flachen Laible, außen knusprig, innen von blasig weicher Frische. Auch sie von sehr verschiedener Art und Güte. Möget Sie lieber die mit Salz und Kümmel bestreuten oder die mit Zucker? Mit Mohn können Sie auch haben und aus weißem und dunklem Mehl. Man hört von Reigschmeckten, die sich deutlich ihrer ersten Begegnung mit dieser Köstlichkeit erinnern, oder mit unserem Zwiebelplatz – wirklich „schmeckten sie rein" in schwäbische Art und Backkunst. S-taif und fest behaupten sie dann, nie wieder im Leben Seelen oder

Goge' ond Huser
send koine Schmuser,
send räs wia ihr Wei'
ond obe'drei'
gwieß net de Frömmste, –
doch au net de Dömmste,
send Kerle wia-n i
mit Phantasie!

Ens Wirtshaus nei'plotze',
faif Viertele' schlotze'
ond Zwiebelplatz fresse',
druf send se versesse'. –
Aus guatem Grond! –
Denn des ist gsond!

Drom sait jeder Dokter,
e Furz, e verhockter,
ist tausedmol schlemmer
wia Wanze' em Zemmer
ond Ratte' em Haus. –
Ond was koin Zai's zahlt,
muaß naus!

Heinz-Eugen Schramm

Zwiebelkuchen so gut wie damals gegessen zu haben.
Die inneren Widerstände unserer nördlichen Nachbarn gegen nichtsüße Kuchen schmolzen ja auch unter südlicher Sonne dahin, wo man sogar von einer *Pizza di cipolle* etwas vernommen hat.
„Vernehmlich" muß sie ja schon sein, denn auch beim schwäbischen Zwiebelkuchen wird naturgemäß nicht nur der Gaumen gekitzelt, auch Ohren und Nase kommen zu ihrem Erlebnis: Zwiebelkuacha met viel druf – nochher macht mr's Feaster uf! Der Name Trompetentorte trifft den Sachverhalt nur zu genau.
Vor allem in Reutlingen sagt man zu den flachen Kuchen aus Brotteig Platz oder Blats. Dort nennt man ja auch die Wengerter Huser, in Tübingen sind's die Goge.
Heinz-Eugen Schramm notierte in seinem Bändchen „Wia mr's nemmt" das Nebenstehende.
Der Zai's ist der Zins, wer den nicht bezahlt, ist nicht weiter kreditwürdig, er muß die gastliche Stätte verlassen.
Ich habe es in einer Besenwirtschaft einmal erlebt, daß mein Nachbar, ein gestandener schwäbischer Handwerksmeister, nach dem Genuß von zwei Stück Trompetentorte, Posaunenplätz, sich ungeniert Erleichterung verschaffte und das noch mit dem Kommentar versah: „Was mr am Astand abgoht, kommt mr en dr Gsondheit rei!" Sein Freund lächelte mich daraufhin freundlich an und entschuldigte das Naturereignis mit der Bemerkung: „Er isch halt scho ällawoil a Blähboy gwea!"
Althergebrachtes pflegen, Neues ausprobieren, womöglich mit Altem kombinieren – das liegt heute im Zug der Zeit. So wird auch in manchem alten Backhaus auf dem Dorf wieder angeschürt. Das alte Weible schießt da genauso ein wie das rösche Fraule und die junge Krott. Vereint wird am Ofen gschafft ond gschwätzt, knatscht ond bacha, und die Gaude kommt nicht zu kurz. Der Rezeptaustausch floriert. Propre schwäbische Hausfrauen zeigen sich auch den ausländischen Bachetse gegenüber aufgeschlossen. Ein Stückle Kraut- oder Zwiebelkuchen wechselt als Versucherle gegen Pizza oder türkisches Fladenbrot hinüber und herüber. Backhaus international – alles selbstgemacht, Laib für Laib und Blech für Blech.
Bei solcher Wertschätzung für Gebackenes rings im Land und solcher Weltaufgeschlossenheit

wundert's nicht, daß die Schwaben stolz sind auf das weltweit älteste Brotmuseum. 1955 gründete Dr. h. c. W. Eisele mit seiner umfangreichen Sammlung in Ulm das Deutsche Brotmuseum, und Jahr für Jahr, Tag für Tag erblicken Interessierte aus nah und fern das Brot der Welt in seiner unendlichen Vielfalt aus Geschichte, Ländern und Völkern. Die praktische Seite vom Getreideanbau über die Müllerei bis zur Technik des Backens wird gezeigt: alte Backformen, Gebäckmodel, Brotstempel ebenso wie moderne Bäckereimaschinen. Aber auch Darstellungen aus Kunst und Kultur auf Bildern, Münzen und Medaillen, Postern, Plaketten und Siegeln verdeutlichen, was das Brot in allen Zeiten und auf allen Kontinenten für die Menschheit bedeutet hat – und Brotmarken erinnern an den Hunger in Kriegs- und Notzeiten.
Das Thema erschöpfend zu illustrieren, verbietet hier der mangelnde Platz. Umseitig verschafft ein Ulmer Exponat jedoch den bildlichen Einstieg in ein dem Backen nah verwandtes Thema.

Nicht nur das Brot, sondern auch der Obst- oder der Zwiebelkuchen aus dem Holzofen schmeckt herrlich. Ob wohl der Ortsbäcker da und dort noch für die Leute „einschießt"?

Doigigs äll Däg

Oscar Wilde, leider kein Schwabe, wird abgewandelt in die Mundart hierzulande gern so zitiert: „Nach'ma guata Essa kosch jedem vergebba, sogar dr oigena Verwandtschaft."
Ob Oscar Wilde indessen mit Brota, Spätzla ond gmischtem Salat sehr viel anzufangen gewußt hätte, wage ich zu bezweifeln. Diese Zusammenstellung ist doch einigermaßen abenteuerlich, aber diesem Abenteuer sind schwäbische Hausfrauen in ihren Küchenkämpfen mit den Kalorien leicht gewachsen, wobei sich das Adjektiv „leicht" nur auf das Kochverfahren beschränkt. Sogenannten ordentlichen Hausfrauen sieht man bisweilen ihre Küchenqualitäten eindrucksvoll am Umfang ihrer Taille an. Das trifft aber genauso auf die Herren der schwäbischen Schöpfung zu, und die Schöpfungsakte erlebt man oft beim Mitzählen der Nachschläge. Im Umgang mit der Masse verfahren wir in aller Regel nicht zögernd. Die Anzahl der Schwergewichte liegt bei uns über dem Bundesdurchschnitt. Wia mr ißt, so schafft mr! Schwäbische Hochzeiten, Taufen und Konfirmationen sind auf dem Land oft noch tagelange Hockereien durch die Gänge der habhaften Küche, und sie werden in den Folgetagen durch Fasten bitter bezahlt. Wenn man den Leidensweg des Fastens dann nicht auf sich nehmen will, nimmt man halt zu. Man trägt seinen Speck in Ehren, ist er doch auch teuer bezahlt. Wenn zwei Dicke heiraten, kann man wohl hören: „Des isch a Bettlad voll Leut." Das sportliche Schlankheitsbild wird noch immer als Idealzustand gesehen und in höchst philosophischer Sicht allenfalls als möglicher Annäherungswert betrachtet. In bescheidener Selbstkritik bekennt man sich zur Fehlbarkeit, lebt in der Sünde des Fleisches nebst den entsprechenden Beilagen. Und seien wir ehrlich: So ganz ohne eine körperliche Manövriermasse bekommt man doch das Leben nie und nimmer in den Griff. Man möchte da schon etwas in der Hand haben. Das gilt für Frauen und Männer gleichermaßen. Wenn so ein Kerle „koin Arsch en dr Hos hot", heißt man ihn einen Lapparsch, an dem „au no grad vorna ond henda nix dro isch". A „Britt" oder „Gstell" hat auch kein Herz, weil sie schließlich auch keinen Busen hat. Heine schrieb einmal: „Ihr Busen war so flach wie die Lüneburger Heide." So also nicht! Und zwischen einer dürren

Habergoiß und einer Dame im Rubensformat gibt es unendlich viele Variationen, denen man punktuell unendlich viele Reize abgewinnen kann. Vielfalt erfreut. Ich bin weit davon entfernt, die schwäbische Wunschanatomie als „Massen-Ware" zu propagieren. Die Mitte macht den Kompromiß. Kätschigs Wabbelzeug isch nix nutz – durchwachsen muß der Stoff sein, aus dem die Träume sind. Ein Genießer beschrieb mir einmal die Anatomie seiner Angebeteten so: „Sie isch *al dente,* so wie Spätzla ond Spaghetti au sei müeßet." So weich und doch so kernig, könnte man sagen, auch was die Psyche betrifft.

Dieses sinnliche Abschweifen sagt viel über die Qualität einer Küche aus. Die Küche ist nur so gut oder kultiviert wie die Leute, die in ihr und mit ihr leben. Ich möchte noch einmal Heinrich Heine zitieren:

„Jedes Land hat seine besondere Küche und seine besonderen Weiblichkeiten, und hier ist alles Geschmackssache. Der eine liebt gebratene Hühner, der andere gebratene Enten. Was mich betrifft, ich liebe gebratene Hühner, gebratene Enten und noch außerdem gebratene Gänse. Sind britische Schönen nicht ebenso

Brot, Kuchen, Spätzle – ohne Mehl gäb's nichts davon. Im Ulmer Brotmuseum kann man außer dem Sack-Druckstock aus dem 18. Jahrhundert auf dem linken Bild noch vieles mehr rings um das Müller- und Bäckerhandwerk sehen – und in der Talmühle von Dauchingen am oberen Neckar sieht man, wie das Mehl nach alter guter Sitte gemahlen wird.

En e Schüssel kommt e Pföndle
Woizemeahl – des hot sich glei –
Oier drüber zwoi bis drei,
Wasser ond au Salz e Quentle,
's ganze schleet mr noh wia domm
Solang en dr Schüssel rom,
Bis mr's Toigle schliaßle glatt hot.
Ond wenn's noh noh Blase geit,
liabe Leut, noh isch so weit.
Mittlerweil kocht's Wasser schao, (Gsalze muaß mr's vorher hao!)
Jetzt kommt's Spatzebrittle dra,
Toig druf, ond noh schabt mr monter (Des will glernt sei, bis mr's ka!)
Ällen Toig ens Wasser nonter.
So, ond jetzt guckt mr en Ruah
Deare Gschicht e Weile zua.
Send e paar Minütle rom,
Ruaft mr dreimol: Spätzle komm!...
Wia mr's ißt? – I glaub, des brauch
I uich et uf d'Nas nufbende:
D'Spätzle went noh en de Bauch
Schao alleinigst nonterfende!

Karl Lerch

gesund, nahrhaft, solide, konsistent, kunstlos und doch vortrefflich wie Altenglands einfache gute Kost.
Da lächelt kein Frikassee, da täuscht kein flatterndes Vol-au-vent, da seufzt kein geistreiches Ragout, da tändeln nicht jene tausendartig gestopften, gesottenen, aufgehüpften, gerösteten, durchzuckerten, pikanten, deklamatorisch und sentimentalen Gerichte, die wir bei einem französischen Restaurant finden und die mit den schönen Französinnen selbst die größte Ähnlichkeit bieten!"
Ins Schwäbische übertragen müßte man eine gesunde Mitte ansteuern. Ich versuch's mal: Schwäbische Frauen sind habhaft wie ein gutes Brot, leicht und süß wie Fasnetsküchla, kernig wie Spätzla, verschlungen wie eine Brezel, goldig wie frische Flädla, locker wie Dampfnudla, treu wie Hefenklöße, verführerisch wie warmer Zwetschgenkuchen, verschwiegen wie Maultaschen, sparsam wie eine gebrannte Grießsuppe und in der Nachwirkung wie ein Zwiebelkuchen.
Diese Typisierungen habe ich der Getreidebasis wegen gewählt, um das Kapitel Mehl und Brot nicht zu sprengen. Wenn ich von der Gesamtküche aus gesehen die hiesige Weiblichkeit charakterisieren wollte, fehlten noch tausend Facetten.
Karl Lerch, gebürtiger Tübinger und lange Zeit mein Stuttgarter Funkkollege, hat in seinem „Spätzle-Brevier" schon 1926 das Hohelied der Spätzla gesungen.
Was isch, machet mr Spatza, oder fresset mr dr Doig so? Diese nur deklamatorische Frage findet alltäglich in den Haushalten des Landes vieltausendfache Anwort: Mir machet! Und wir – die beiden Autoren – machen mit Hand, obleich die Spätzlesmaschinen längst von den Ungeübten und den Faulen als zulässige Hilfsmittel angesehen werden.
Und wie die Spätzle hinunterfinden. Die schlupfen nur so! Ich wage die Behauptung, daß unsere italienischen Mitbürger längst auch deshalb so wohlgelitten sind, weil ihr Küchenzettel so viele Nudelgerichte hat. Die Wesensverwandtschaft ist offenkundig. Auf der Mehlspeisengrundlage ist die Koexistenz nur eine Frage der Zeit, die Form der Darbietung ist schiere Formsache. Makkaroni heißen bei uns längst Tunellspätzla, also Tunnelnudeln. Vom Wein will ich an dieser Stelle erst gar nicht reden.

Im Gaisburger Marsch – auch das sei noch gesagt – feiern Kartoffeln und Spatzen eine fröhliche Hochzeit, und so manches Nordlicht wurde mit dem Kartoffelköder an diesen schwäbischen Eintopf gelockt und marschiert nun zum Ruhme Gaisburgs lobpreisend mit viel schönen Küchenreden auf der Siegesstraße der schwäbischen Küche mit.
In einem Punkt der volksmundigen Umschreibung möchte ich aber nicht mitgehen: Daß breite Nudeln als Faule-Weiber-Spatzen bezeichnet werden, gefällt mir nicht, denn bei aller Würdigung des Selbstgemachten sollte man doch nicht vergessen, daß gerade die schwadronierenden Küchenkerle, diese selbsternannten guten Köche, oft die sind, die ihre Frauen für die niederen Arbeiten in der Küche mißbrauchen. Ich wünsche allen diesen Schwaben, die sich zu schade sind zum Schaben, daß sie auch keine Minna haben!

Nicht nur beim Schreiben, sondern hier auch einmal beim Spätzlemachen vereint: Reichert fischt nicht im trüben, und Wägerle hat die Sache sauber im Griff.

Mehr als Kraut und Rüben

Auf die Kartoffel und das Sauerkraut gibt es Loblieder genug. Wer singt das Lied zum Preise des Filderkrauts, das doch mit seinem spitzen Kopf das beste Sauerkraut hergibt! Natürlich gedeihen auf den Fildern bei Stuttgart, wie man auf der rechten Seite sieht, auch der gewöhnliche Weißkohl und das Blaukraut.

So lange ist es noch nicht her, daß die Redensart „Was der Bauer nicht kennt, das frißt er auch nicht" ihre Neufassung gefunden hat. Die Bauern kennen heute mehr, sie sind weltläufig geworden. „Aus fremden Landen frisch auf den Acker" ist in Art- und Sortenwahl bei unseren Bauern mit Gespür für den Markt längst an der Jahresordnung. Sie müssen mit dem Pfennig rechnen, wenn sie weitermachen wollen. Und deshalb sind zu Kraut und Rüben, zu Milch und Schlachtvieh noch etliche Produkte hinzugekommen, die sich mit Landschaft, Boden und Klima vertragen. Gleich geblieben ist nur die bäuerliche Basis, und das ist der Boden, den es wirtschaftlich bestmöglich zu nutzen gilt, ohne ihn völlig auszubeuten und ihm durch zu viel Chemie großen Schaden zuzufügen. Zu den neuen Tugenden unserer Bauern gehören ökologisches Verantwortungsbewußtsein und Phantasie. Der Bauer ist im Idealfall Produzent und Naturschützer in einem. Wenn ich vom Bauern rede, meine ich damit auch unsere Obst- und Gemüsegärtner und natürlich die Wengerter (Weingärtner), die gleichermaßen für die Vielfalt in Küche und Keller sorgen.

Vielfalt ist gefragt, doch ohne Kraut und Rüben und ohne Grombira (Grundbirnen, Kartoffeln) wäre auch heute für die Spätzlesschwoba die Küche halt nur die Hälfte wert. Schon alleine des Kartoffelsalats wegen sind die Erdäpfel, die Grombira, die Erbira (Erdbirnen) ein Grundnahrungsmittel, mal abgesehen davon, daß Kartoffelsuppe, geröstete Kartoffeln, Kartoffelpüree, -kuchen, -auflauf, -klöße und nicht zuletzt die Bubaspitzle oder Schupfnudeln sowieso wahre Delikatessen sind. Von der Spätzles- und Kartoffelehe im Gaisburger Marsch war ja schon die Rede. Und nicht zu vergessen saure Rädle, die einst von sparsamen Hausfrauen auch noch aus den Resten des Kartoffelsalats gemacht wurden; heute weiß man, daß die Gefahr einer Salmonellenvergiftung allzu groß ist, und nimmt lieber frischgekochte Kartoffeln dazu. Die mehlig-kartoffelige Kombination haben wir Schwaben übrigens auch noch mit Pfannkuchen und Kartoffelsalat. Wozu ich mich aber niemals werde hinreißen lassen, sind Pommes mit Ketchup. Ansonsten immer genehmigt: gebacken, gedämpft, gekocht, gefüllt, geröstet, geschnitzelt, gerädelt, gerieben, gedrückt, gerollt, gewellt und

geballt. Geschält registriere ich in dieser Reihe deshalb nicht so gern, weil das Schälen ein saumäßiges Geschäft ist.
Also nichts gegen die Preußen als „Kartoffelesser" und gleich gar nichts gegen Sir Francis Drake, den Briten, der die Kartoffel aus Amerika mitgebracht haben soll. Nun heißt es aber auch dem Kraut die Ehre anzutun! Kraut ist Kohl, von dem es ja eine ganze Menge gibt. Der Kohl gehört zur Gattung der Kreuzblütler, und wenn er im Januar geerntet wird, ist es meist Böbbeles- oder Rosenkohl. Auf dem schwäbischen Speisezettel finden wir Rot-, Weiß- und Spitzkraut, es gibt Wirsing, Grün- und Blumenkohl. Kohlrabi gibt's noch, und Brokkoli ist inzwischen auch schon schwäbisch eingemeindet. Sprachforscher entdeckten den Kohl bereits in der Keltenküche. Unsere vorsuebisch-alemannischen Ahnen waren also auch schon *Krauts,* wie man uns Deutsche im Angelsächsischen nennt. Ob Wilhelm Busch bei dem Sauerkohl seiner Witwe Bolte – „wofür sie besonders schwärmt, wenn er wieder aufgewärmt" – Filderkraut im Sinn gehabt hat, ist zu bezweifeln. Doch „Spitze" ist das Spitzkraut von der Hochebene südlich Stuttgart jedenfalls, seine Fäden

Aus dem „Kartoffellied" des Kraichgauers Samuel Friedrich Sauter, also eines unserer Stammesnachbarn, sei zitiert:
Salat davon gut angemacht,
Mit Feldsalat durch-
schossen,
Der wird mit großem
Appetit
Von jedermann genos-
sen. ...
Kartoffel frisch vom Sud
hinweg,
Dazu ein bißchen Butter –
Das ist fürwahr, ihr stimmt
mit ein,
Ein delikates Futter! ...

sind langhaarige Delikatessen. Da kommen die kurzen Stoppeln des runden Weißkrauts nicht mit. Zwar sind die runden Häuptle heute auch auf den Fildern schon in der Überzahl, aber nur deswegen, weil sie sich in den Krautfabriken leichter verarbeiten lassen. Nicht umsonst hat ein kleiner, aber feiner Sauerkrautmacher auf den Fildern sein bestes Kraut „Spitzbüble" getauft.
Das meiste Filderkraut wird von etwa neunzig genossenschaftlich organisierten Landwirten angebaut. Die Ernte wird über die Erzeugergemeinschaft vermarktet, und der Hektar Kraut bringt dem Bauern so um die 10 000 Mark brutto. Ins Kraut schießen die Gewinne gewiß nicht, aber Garantieabnahme der Ernte ist in den saueren Zeiten des Marktes immerhin eine gewisse Sicherheit. Der völlig monostrukturierte Anbau würde den Kohl jedoch nicht fett machen, weshalb gewitzte Bauern nicht nur aufs Kraut setzen, so köstlich es auch munden mag.
Vielleicht hat Ludwig Uhland das Kraut sogar so im „Hirsch" in Echterdingen serviert bekommen, wie er es in seinem „Metzelsuppenlied" beschreibt. Sicher ist, daß er dort einkehrte. Die Hauschronik enthält seinen Namen gleich mehrfach als Zierde. Lavater, Schiller, Goethe, Hegel, Hauff, Mörike, Lenau, Kerner und Gerok waren weitere prominente Gäste, und vom Grafen Zeppelin weiß man auch, daß er gerne Filderkraut gegessen hat.

Auch unser edles Sauerkraut,
wir wollen's nicht vergessen,
ein Deutscher hat's zuerst gebaut,
drum ist's ein deutsches Essen.
Wenn solch ein Fleischchen, weiß und mild,
im Kraute liegt, das ist ein Bild
wie Venus in den Rosen!

Ludwig Uhland

Linke Seite: Eingebettet in ein Tal des waldreichen Schönbuchs, liegt bei Tübingen das ehemalige Kloster Bebenhausen, gekrönt von dem kunstvollen Dachreiter seiner Kirche. Nach einem Gang durch die Klausurgebäude läßt sich in einer der Gaststätten des Dörfleins trefflich ein schwäbisches Vesper einnehmen – oder auch ein opulentes Mahl.

Bei einem Wirte wundermild …

Bei einem Wirte wundermild,
Da war ich jüngst zu Gaste;
Ein goldner Apfel war sein Schild
An einem langen Aste.

Es war der gute Apfelbaum,
Bei dem ich eingekehret;
Mit süßer Kost und frischem Schaum
Hat er mich wohl genähret.

Es kamen in sein grünes Haus
Viel leichtbeschwingte Gäste;
Sie sprangen frei und hielten Schmaus
Und sangen auf das beste.

Ich fand ein Bett zu süßer Ruh
Auf weichen, grünen Matten;
Der Wirt, er deckte selbst mich zu
Mit seinem kühlen Schatten.

Nun fragt' ich nach der Schuldigkeit,
Da schüttelt' er den Wipfel.
Gesegnet sei er allezeit
Von der Wurzel bis zum Gipfel!

Ludwig Uhland

Rechte Seite: Wer hat die schönsten Schäfchen? Hier grasen sie unter blühenden Obstbäumen bei Dürrwangen auf der Schwäbischen Alb.

Diese gastliche Stätte, auch sie von Ludwig Uhland besungen, steht in einem Schlaraffenland, das wir alle an einem schönen Sommertag mühelos finden können. Im Schatten eines Obstbaumes zu liegen und den weißen Federwölkchen nachzuträumen, ist Gott sei Dank noch immer ein erschwinglicher Luxus. Dafür brauchen wir nur Zeit und ein bißchen Einfühlungsvermögen für unseren wundermilden Wirt. Wir müssen ja nicht gleich wieder so praktisch ans Einmachen denken oder an Apfeltorte mit Schlag, an Apfelküchla, Apfelsaft, Apfelmost … Sich nur der Natur hingeben, den Bauch mal vergessen und die Gedanken in den Himmel steigen lassen – auch das ist Lebensqualität. Und, Leute, solche Pausen müssen sein. Die kurzen, kleinen Träume verklären die Wirklichkeit. Net glei scho wieder d'Böm spritza wölla, des hot doch wirklich no a bißle Zeit!
Richtigen schwäbischen Hausfrauen und Hausmännern ist zwar auch die Poesie eines hübschen Haus-, Gemüse-, Obst-, oder Beerengartens unterbewußt vertraut, aber das Bewußtsein ist halt voll von praktischen Erwägungen. Angesichts leuchtendroter Himbeeren kommt einem gestandenen Schwaben nur selten ein erwartungsfroh geöffneter wilder Himbeermund in den Sinn – der denkt an Gsälz, Sirup oder Himbeergeist. In diesem Geiste wird dann auch ordentlich gewirtschaftet, geerntet und eingemacht, wobei das Gsälz immer noch einen besonderen Stellenwert im Konservierungskalender der heimischen Konsumwaren innehat. Machen Sie als Nichtschwabe, so Sie einer sind, nie den Fehler, Gsälz als Marmelade zu bezeichnen. Die Gsälzköchin müßte Sie fortan verachten. Marmelade, heute EG-rechtlich sogar „Konfitüre" geheißen, kauft man als Fabrikware im Supermarkt. Gsälz hingegen wird nach tausenderlei Rezepten bereitet – das ist Kunst! Gsälz ist immer ein Unikat, ein Original, da spielt der Jahrgang eine Rolle wie beim Wein, da sind die feinsten psychischen Schwingungen der Köchin dem Stoff beigemengt, das ist nicht nur ein simpler Brotaufstrich, das ist wie selbstgebrannter Schnaps eine Philosophie.
Wenn Sie einer Gsälzmacherin ein Kompliment machen wollen, müssen Sie unverblümt nach einem Versucherle betteln. Wenn Sie Glück haben, können Sie dann

Reife Äpfel aus unserem Land – seien es nun Alkmene, Boskop, Goldparmäne, Gewürzluike, Französische Goldre(i)nette, Kaiser Wilhelm oder Blutstreifling –, Sie haben die Qual der Wahl.

weite Teile Ihres Bedarfs mit Geschenktem decken und sind als Küchenkenner anerkannt.
Der salzige Name der süßen Sache wird mit der Konservierungsgeschichte erklärt. Salz war noch im letzten Jahrhundert das gängigste Konservierungsmittel, wenn auch nicht für Beeren und anderes Obst. Die konnten allenfalls vermostet, gebrannt oder gedörrt werden, da der eingeführte Rohrzucker für die meisten Leute viel zu teuer war. Erst mit dem Rübenzucker kamen dann die süßen Gsälzjahre. Das Salz stand in seiner Bedeutung als Konservierungsstoff für den Zucker im Namen Pate. Und seither gibt es Träubles- (Johannisbeer-), Brestlings- (Erdbeer-), Stachelbeer-, Himbeer- und Brombeergsälz, aber auch Kirschen, Zwetschgen, Aprikosen, Pfirsiche, Mirabellen und Quitten sind vorzügliche Grundstoffe. Und mischen kann man sie selbstverständlich auch noch, zu Dreierlei- und Viererleigsälz. Uf Marmelade – so an Babb – fahr i als Schwob doch gwieß net ab. I pfeif uf Konfitüra – mi muasch mit Gsälz verführa!
Verführern ganz anderer Art merkt man ihre Herkunft vom Wirte wundermild kaum noch an. Der goldgelb, rot oder blau leuchtende Segen unserer Obstgärtle oder -stückle, der Streuobstwiesen wandert nur zum Teil in Gsälz- oder Eindünstglas, Saft- oder Mostflasche, Konserven- oder Tiefkühldose. Ein anderer Teil ist zu Höherem gereift. In Körben, Kisten oder in große Fässer eingeschlagen, wird er in eine der Brennereien verfrachtet, wie sie in Dörfern oder städtischen Vororten zu finden sind. Geläutert und „vergeistigt“, nach dem einen oder anderen Jährlein dunklen Kellerdaseins, verspricht uns dann ein solches klares Wässerle Genuß, Entspannung und sogar Linderung nach allzu genußreich fetter Völlerei. Doch ob edler Geist oder einfacher, sauberer Obstler: Seid mäßig, hört auf meinen Rat, zuviel vom Obst macht obstinat!

Die Schwaben sind dem Obst jeglicher Art und in jeglicher Form sehr zugetan, ob roh, „ei'dünschtet“, als Gsälz, Saft oder gebrannt. Wie viele Brennereien es im Schwabenland gibt, hat noch kein Verwaltungsbeamter gezählt, aber im größeren Baden-Württemberg sind's etwa 24 000, 78 Prozent aller deutschen Brennereibetriebe!

Aber Fleisch sollte auch dabei sein!

Überhaupt Fleisch zu essen, wird von dem Schwaben Bertolt Brecht gewissermaßen zum Menschenrecht erklärt:

Fröhlich vom Fleisch zu essen, das saftige Lendenstück
und mit dem Roggenbrot, dem ausgebackenen, duftenden
den Käse vom großen Laib
und aus dem Krug
das kalte Bier zu trinken, das wird
niedrig gescholten, aber ich meine, in die Grube gelegt werden,
ohne einen Mundvoll guten Fleisches genossen zu haben,
ist unmenschlich, und das sage ich, der ich
ein schlechter Esser bin.

Im Schlemmerlied des 13. Jahrhunderts heißt es: „Gänse, Hühner, Vögel, Schwein, Würste, Pfauen bring herein!“ Bescheiden war der Tischgast fürwahr nicht. Die Herren im Mittelalter wußten zu speisen. Lieder über das mittelalterliche „Übermaß des Guten“ gibt es zuhauf. Für das gute Verhalten bei Tisch gab es Lehrschriften, sogenannte Tischzuchten. „Manche sind so gefräßig, daß sie nicht mehr auf ihren Mund achten und sich in ihre eigene Hand beißen: So gierig benimmt sich kein höfischer Mann!“ Was lernen wir daraus? Die Rittersleut, die Edlen, die Herren – und womöglich gar die Damen – fraßen das damals Beste in sich hinein wie die mehrheitlich Armen ihren Kummer.

Auf dem Speisezettel standen Rind, Schwein, Schaf, Wild, Geflügel und Fisch. Das Konservieren durch Räuchern und Pökeln war schon bekannt, doch das Lagern des Schlachtfleisches bereitete erhebliche Probleme, so daß vor allem die „niederen Schichten“ im Sommer im allgemeinen selten Fleisch auf dem Tisch hatten – oft genug beklagt oder eingefordert. Wild war allein den jagdberechtigten Grundherren vorbehalten.

Wir sagen heute mit Wilhelm Busch gerne: „Es wird mit Recht ein guter Braten gerechnet zu den guten Taten.“ Aber ungern lassen wir uns erinnern, daß eine ordentliche Fleischmahlzeit auch in unserem gesegneten 20. Jahrhundert nicht immer eine Selbstverständlichkeit war. Die properen Häusle einiger Stuttgarter Stadtrandsiedlungen verraten nichts mehr über die Geschichte ihrer Entstehung Anfang der dreißiger Jahre. Bei ihrer Planung hatte man außer einem großen Garten zur Selbstversorgung noch eigens einen Raum im Haus für die Kleintierhaltung vorgesehen. Die meist vielköpfigen Familien der Arbeitslosen, die ihre Häusle in Eigenarbeit errichtet hatten, sollten neben frischen Eiern oder Milch von der Ziege auch einmal etwas Fleisch verzehren dürfen. Kaninchen mümmelten in ihren Verschlägen frischen Löwenzahn und alte Salat- oder Gemüseblätter, hier und da grunzte vielleicht sogar ein Schweinle in Erwartung der Küchenabfälle aus der ganzen Nachbarschaft – und eine beherzte Frau fand sich immer in der Straße, die der alten, legemüden Henne den letzten Gackeler entlockte und den Weg in den Suppentopf wies.

Nach Spuren dieses Landlebens am Rande der Großstadt muß man heute lange suchen. Doch weitab draußen im Ländle ist, der vielverschrienen Agrarindustrie zum Trotz, immer noch Bäuerliches wie aus dem Bilderbuch zu entdecken. Da kennt man die „gute Sau“ sogar beim Namen, weil man sie vom Milchfärchle an großgezogen hat. Doch eines Tages kommt naturgemäß auch ihr dickes Ende. Zu früher Morgenstunde wird sie womöglich noch wie einst zwischen Stall und Wohnhaus vom Hausmetzger „gelegt“, gebrüht und aufgebrochen. Außer seinem Besteck hat er auch alle nötigen Gewürze dabei, um die Fülle für Leber- und Blutwurst fachgemäß abzuschmecken – nur die Schüsseln voll Zwiebeln hat die Hausfrau eigenhändig und unter Tränen geschält und gehackt. Viele fleißige Hände haben zu schaffen, bis das Säule ordentlich versorgt in Darm, Dose und Kühltruhe ist. So sind denn die Helfer aus Familie und Nachbarschaft zur Stelle, beim Schaffe wird batscht ond glacht, und der Schlachttag wird zum Schlachtfest. Die Metzelsupp als krönender Abschluß ist alles andere, nur keine Suppe im herkömmlichen Sinn: Schweinernes

Heimlich-unheimlich erscheint das Tun der Männer im Morgengrauen des Schlachttages. Nachdem die Sau „gelegt“ ist, wird sie mit heißem Wasser abgebrüht und unter wabernden Dampfwolken von den Borsten befreit. Bevor der Tag zu warm wird, sollte die Hauptarbeit getan und das Fleisch als Wurstfülle im Kochtopf oder frisch in der Kühltruhe sein.

Wer den großen Dichter auf hohem Podeste im Karree von Stuttgarts Schillerplatz sieht, käme nie auf die Idee, daß er für sein Leben gern Knackwurst mit Kartoffeln gegessen hat. So war es! Tatsache ist, daß heutige Schwaben auch andere Leibspeisen haben. Zum Beispiel saure Nierle mit Brägele (Bratkartoffeln).

in mancherlei Form, vom Bauchspeck übers Herz bis zum Bäckle, frische Würste, Sauerkraut und Spätzle. Das Schnäpsle obendrauf darf hier natürlich nicht fehlen. Zum Abschied gibt's noch ebbes von der Metzgete mit heim – und: „Wann isch's bei euch soweit?" Denn das ist gewiß: Wurstelst du bei mir, wurstle ich auch bei dir. Zu Zeiten, als die Konservierungsmöglichkeiten sich noch auf Räuchern, Pökeln, sauer oder in Sülze Einlegen beschränkten, wurde wohl auch mehr von dem frischgeschlachteten Fleisch sehr bald gegessen. In dem zweihundert Jahre alten Kochbuch der Friederike Luise Löffler lesen wir unter der Überschrift „Schlacht- oder Linden[Lenden]braten am Spiß zu braten" folgendes Rezept:
„Es wird entweder der ganze oder halbe Schlachtbraten genommen, wie man's nöthig hat, derselbe wohl geklopft, von der stärksten Haut gesäubert, wie ein Hase gespikt, eine Stunde auch länger, wenn es die Zeit leidet, in siedenden Eßig gelegt, dann mit Pfeffer, Nägelein und Salz eingerieben, an einen Spiß gestekt, mit einem Bindfaden wohl daran befestigt, der Eßig, worinn der Schlachtbraten gelegen ist, in die Bratpfanne geschüttet, etwas Fleischbrühe, ein Lorbeerblat, ein Zwibel nebst einigen Zitronen-Rädlein dazu gethan, der Braten zuerst mit Butter, nachdem immer mit seiner eigenen Sauce fleißig übergossen, und ganz langsam gebraten. Inzwischen wird die Sauce auf folgende Art fertig gemacht: Man nimmt einen Eßlöffel voll feingeschnittene Charlotten-Zwibel, 4 Loth [etwa 60 g] klein geschnittene Sardellen, röstet einen starken Eßlöffel Mehl in einem Stüklein Butter gelb, dämpft die Zwibel und Sardellen darinn, gießt etwas von der Brates-Brühe und einen Schöpflöffel Fleischbrühe daran, und thut etliche Zitronen-Rädlein, ein Lorbeerblat und einen Eßlöffel Kappern darein. Wenn der Braten fertig ist, kan die Sauce darüber gegossen, oder besonders dazu aufgestellt werden."
Die „F. L. Löflerin", wie die Verfasserin die Vorrede zu ihrem Buch selbst unterzeichnete, hat Ende des 18. Jahrhunderts das geschaffen, was im 20. Hermine Kiehnle vollbrachte: ein allgemeingültiges Kochbuch, das seine schwäbische Herkunft nicht verleugnete und trotzdem weiteste Verbreitung fand. Immer wieder wurde es nachgedruckt, bearbeitet, nachgedruckt ... allein im

Originalverlag bis 1930 siebenunddreißigmal.
Generationen von „Frauenzimmern“ weit über Württemberg hinaus haben darin nachgeschlagen, wie man „gebökeltes Ochsenfleisch“ zubereitet oder „Sauerkraut mit einem Hecht gefüllt“, „Boudin [Pudding] von Schnepfen“ oder „Austern Sauce zu Geflügel und Kalbsbraten“, „Schnizbrod auch Huzelbrod genannt“ oder „Springerlein auf gewöhnliche Art“ und „auf andere Art mit Mandeln“.
Nach solcher Lektüre ist man natürlich wieder einmal geneigt, von der guten alten Zeit zu sprechen. Doch *so* gut war sie bei Gott nicht immer und erst recht nicht für jedermann. Ich habe da lieber den realen Boden des habhaft Einfachen unter mir und steh auf Schweinsfüaßla. Wenn heute viele dem Schwein, gewiß aus manchen guten (oder schlechten) Gründen, abgeschworen haben, bin ich fast jeder „Sauerei“ noch immer treu geblieben.
Auch ein Liebhaber einfacher Genüsse war unser Vorzeigeschwabe Friedrich Schiller – ich bin so frei, mich insoweit mit ihm auf eine Stufe zu stellen. Knackwurst mit Kartoffeln zählte zu seinen Leibspeisen (meine heißen

Friedrich sieht's mit Vergnügen, und womöglich trinken sie noch einen Schiller zu seinen Füßen: Stuttgarter Weindorf auf dem Schiller- und Marktplatz, oft eine „hochprozentige Hocketse“.

Das Leben der Schäfer auf der Alb wie hier auf dem Witthoh im Westen ist weit entfernt von rokokozeitlicher Schäferidylle. Übers Jahr müssen sie mit ihren Tieren weite Strecken ziehen. Die von den weidenden Schafen buchstäblich zurechtgefressenen Wacholderheiden, wie oben am Raichberg bei Albstadt-Onstmettingen, wurden durch die Agrartechnik immer stärker auf einzelne, inzwischen geschützte Gebiete eingeengt.

allerdings anders). Und wenn er von einem Besuch in seiner Heimat nach Weimar zurückkehrte, trug er meist auch eine Anzahl geräucherte Würste im Gepäck mit sich. Seine Schwester Louise hatte sie bei der Hausschlachtung selbst gestopft.
Natürlich sind heutzutage hierzulande die hausgemachten Würste die große Ausnahme. Auch bei uns blüht das ehrbare Handwerk der Metzger, die uns mit ihren Auslagen zu allen möglichen einheimischen und fremdländischen Spezialitäten verführen wollen und können, vom Peitschenstekken bis zur Mortadella.
Und wer auch noch in die Kulturgeschichte dieser Zunft einsteigen will, der sei in aller landesüblichen Bescheidenheit darauf hingewiesen, daß wir Schwaben auch dafür ein Spezialmuseum aufzuweisen haben: das Deutsche Fleischereimuseum in Böblingen schräg gegenüber dem Rathaus. Wenn Sie dort nach so viel Augenlust durch Bilder, geschnitzte Truhen, silbergetriebene Pokale und gestickte Zunftfahnen ermattet auch dem Magen sein Recht zukommen lassen wollen – bei einem der Metzger ringsum liegt schon ein warmer Leberkäs mit einem Weckle für Sie bereit.

Des guten Bratens wegen sei auch noch ein gutes Gespräch mit einem unserer Schafhalter im Lande empfohlen. Den „guten Hirten" gibt es noch, und nicht nur auf der Schwäbischen Alb, wenn er auch dort am schönsten in die Landschaft paßt. Schließlich ist die Wacholderheide, diese für die Alb charakteristische Landschaftsform, durch jahrhundertelang regelmäßiges Abweiden unendlich vieler rupfender Schafmäuler entstanden. Die zarten Schößlinge von Laubbäumen verschwinden, eh daß sie hochkommen können, zwischen den malmenden Zähnen. Die stupfligen, bitter schmeckenden Triebe des Wacholders haben es da besser, sie entwickeln sich zu aufrechten, finstergrünen Büschen und lokkern in kleinen Gruppen beieinanderstehend die Hügellandschaft auf. Der gleichen unnahbaren Eigenschaft verdankt es die Silberdistel, daß sie zur Symbolpflanze der Schwäbischen Alb werden konnte.
Die Wanderschäferei – heute eine landschaftspflegende Tätigkeit. Wirtschaftlich gesehen trügt zwar die Idylle, aber die Überzeugten können vom Beruf nicht lassen. Sie bleiben bei der Herde – und mit den traditionellen Schäferläu-

Die widerborstige Silberdistel ist die Symbolpflanze der Schwäbischen Alb. Und die Leute von der „Rauhen Alb" stellen nur noch bei dummen Städtern ihre Stacheln.

Die Zustimmung eines gescheiten Esels zum Chor der Schafe heißt immer „i-ah, i-ah".

fen setzen sie sich alljährlich frei, fromm und immer noch tourismusfördernd frisch ins rechte Bild. Doch die ausländischen Märkte drücken arg aufs heimische Geschäft, und die Schäferei ist längst nicht nur ein hartes Tag- und-Nachtwerk, sondern auch eine knallharte Kalkulationsaufgabe geworden.
Mein „guter Hirte" ist in Nattheim auf der Ostalb zu Hause, wenn er nicht auf dem auch heute noch langen Weg der Wanderschäfer ist, die im Jahr mit ihren Herden immer noch ein paar hundert Kilometer durchs Ländle ziehen, ständig bedroht von Blechschlangen, Crossfüchsen, Neubaulöwen und Kommunalrindviechern. Werner Wiedenmann ist Schäfer aus Passion. 1962 hat er die Schäferei von der damals vierundachtzigjährigen Mutter übernommen. Er war immer Schäfer und er wird es auch immer bleiben. Das Schicksal hat ihm einen Sohn beschert, der diese „Schur" (harte Arbeit) nicht scheut, und seine Frau hält treu und brav den Pferch der schriftlichen Familienwirtschaft in Ordnung. Weil sich die Wiedenmanns nie des leichteren Gelderwerbs wegen in die Wolle gerieten, läuft die Herde weiter und der Laden auch. Das Winterfutter erzeugt er auf 28 Hektar selber, und die Sechzehn- oder Achtzehnstundentage für Herren wie Hunde sind für die Schäfersleut von Nattheim nie als Hundeleben angesehen worden. In der vierten Generation geht es nun schon „hüt und hott", und der Tierwirtschaftsmeister, wie sich Werner Wiedenmann nennen darf, bleibt bei seinen Lämmern. Als Selbstvermarkter kommt er auch im harten Konkurrenzkampf noch über die Runden, weil die ganze Familie mitmacht. „Achthundert Lämmer", sagt er, „sind ein gutes Jahr, davon kann man leben, wenn man diese Größenordnung hält. Mehr nicht, und so soll's bleiben."
Auf dem Weg von den Realitäten des Landlebens zurück an den realen häuslichen Herd und Eßtisch finden wir den Spruch „Hälenga Floisch isch au Floisch", müssen aber den Nichtschwaben unter unseren Lesern wieder a bißla Schwäbischunterricht erteilen: „Hälenga" steht bei uns für „heimlich, still und leise". Da steckt das hochdeutsche Wort „Hehl" drin. Hälenga soll da was nicht auffallen, kommt kaschiert daher. Als Zauberer kann man von einer Camouflage, von einer Tarnung, Verdeckung sprechen.

Genaugenommen müßten Urach (im oberen Bild), Heidenheim an der Brenz und Markgröningen diesen traditionellen Schäferlauf umbenennen in „Lauf der Tierwirtinnen“, denn seit der Schäfer vom Amtsschimmel zum „Tierwirt“ gemacht wurde, gibt's leider auch keine Schäferinnen mehr. Und dazu sagt nur ein dummer Esel „i-ah, i-ah“.

Auch vor der Fastenzeit mögen schwäbisch-alemannische Narren Maultaschen und Fisch. Und wenn's rum ist mit der Fasnet, juckt sie dieses Essen erst recht.

Nächste Doppelseite: Der Blick über den kahlen Gipfel des Burren (am rechten Bildrand angeschnitten) bei Geislingen an der Steige nach Westen zeigt den ausgefranst-gestuften Albtrauf – ein ideales Wandergebiet. Allein im Schwäbischen Albverein sind rund 120 000 Wandersleut' organisiert.

Da ist ein Trick dabei. Solchermaßen trickreich ist in unseren Maultaschen das Fleisch verborgen. Und deswegen brauchte man sich nie einen Hehl daraus zu machen, zur Fastenzeit Maultaschen zu essen – der liebe Gott sieht's ja nicht. Kleingehackt und mit Spinat verbrämt wird das Fleisch im Nudelteig verpackt. Noch heute ißt man bei uns am Gründonnerstag landauf, landab Maultaschen. Diese typisch schwäbische Speise als zu groß geratene Ravioli zu bezeichnen, ist der norddeutsche Versuch, die hiesige Küchenkunst als italienisches Epigonentum abzuwerten, und wird von uns als dreiste Großmäuligkeit zu Recht verurteilt.
Zum Lobe der schwäbischen „Tricktaschen" und um ihre weltweite Verbreitung zu fördern, hat Heinz-Eugen Schramm die Maultaschen poetisch in die fünfzeilige Form des Limericks verpackt:

Mehr sein, sagt der Schwabe, als scheinen.
Im Großen gilt dies wie im Kleinen.
Wer Maultaschen ißt,
erst richtig ermißt,
was innerer Wert ist bei Schweinen.

FF heisst bei uns: Felchen und Forellen

Natürlich heißt das noch mehr, aber um zwei Arten artig anzupreisen, die im Lande bekannt, beliebt und begehrt, sei diese aus der Mode gekommene „ff Küche" in das aktuelle Kochbuch wieder aufgenommen. Etwas aus dem Effeff verstehen, heißt, mit einer Sache vertraut sein, sie gründlich kennen und können. Da wird nichts nach „Schema F" erledigt. Dieser Begriff aus dem militärischen Frontrapport bedeutet in der Rede Sinn die bürokratische oder mechanische Behandlung einer Sache. Schema F ist in der guten Küche allenfalls eine Sekundärtugend. Und um noch eine Redensart thematisch einzubinden: „Weder Fisch noch Fleisch" – das ist nichts Halbes und nichts Ganzes. Diese Typisierung dürfte in der Reformationszeit entstanden sein, als sich die Lauen und Unentschlossenen weder als Katholiken noch als Protestanten bekennen wollten. Die Katholiken mußten fasten, für die Protestanten gab es kein Fleischverbot. „Das Essen und die Religion" – heute ist das allenfalls noch ein Randthema, bei dem die meisten aber erfreulicherweise über den Tellerrand hinausschauen.

Auf dem Teller liegt nun also der Fisch. Schauen wir auf den Markt.

Felchen: Fisch aus der Familie der Renken in mitteleuropäischen Seen, 18 Prozent Eiweiß, 3 Prozent Fett, wohlschmeckendes, der Forelle ähnliches Fleisch.

Forelle: Raubfisch, Süßwasser, 20 Prozent Eiweiß, 3 Prozent Fett, weißes, manchmal rosafarbenes, schmackhaftes Fleisch, grätenarm. Es gibt Bach-, Lachs- und Regenbogenforellen. Die aus Nordamerika stammende Regenbogenforelle wächst schnell und ist ideal für Zuchtbetriebe.

Obwohl in den vergangenen Jahren die Wasserqualität des Bodensees immer besser geworden ist, kann auf sieben Fischzuchtanstalten rund um den See nicht verzichtet werden. Rund eine Million Fischeier, hauptsächlich Felchen, aber auch Forellen, Äschen und Hechte, werden zum Winterende im Schwäbischen Meer, wie der Dreiländersee auch heißt, eingesetzt. Über zweihundert Fischer fischen im Nebenerwerb den Riesenteich ab.

1991 wurden aus dem Obersee 1130 Tonnen gefischt, davon 725 Tonnen Felchen. Der Untersee brachte nach Schätzungen etwa 40 bis 50 Tonnen Fisch.

Mit „Honau, Hauff und frische Fische – Forelle, sie langet für älle ..." will ich mal die nächste

Geschichte einleiten. Den Schwaben war Honau schon immer eine Reise wert. Ein Fischvergnügen gehört dort zum Ausflugserlebnis dazu. Hauff im Sinn, den Lichtenstein vor Augen und ein Forellenmahl noch vor sich – das ist ein Stück Lebensqualität nach Art derer, die sich auch kulinarisch bilden wollen und nach dem Gang auf der Höhe der Alb den ersprießlichen „Gang" auf der Speisekarte im Hotel Adler suchen. Wenn Sie in der Gartenwirtschaft sitzen, können Sie die Objekte Ihrer Begierde noch im Wasser der ganz jungen Echaz beobachten, bevor jene dann in einer feinen Rieslingsauce schwimmen.

Zehn Forellengerichte stehen regelmäßig auf der Karte. In der vierten Generation schon wird von den Walkers dem Gast nach dem Munde gefischt, und diese Fischzüge waren für Wirte wie Gäste gleichermaßen gedeihlich. Aus der Dorfwirtschaft ist ein Hotel geworden, dem man ansieht, daß die Frische des Wassers nicht nur den Fischen gutgetan hat. Im Familienbetrieb tummeln sich die Gastgeber genauso quicklebendig wie die Portionsforellen im Wasser.

Die Adler-Forellen sind mit zwei-

Bevor der Fisch auf dem Tisch ist, war er im kochenden Sud, im brutzelnden Fett oder (wie links) auf einen Rahmen gesteckt im Rauch. Auf Bachforellen sind diese zwei am oberen Neckar wohl kaum gegangen. Auf dem Teller liegt zumeist eine Regenbogenforelle.

Walter Dietmayer verriet uns sein Rezept für eine delikate Fischwurst:
Man nimmt 1 kg Filet vom Saibling, 2 Eier, 1 Wecken (Brötchen), 1 Bund Petersilie, Salz, Pfeffer und Majoran, dreht das Fischfilet durch den Fleischwolf, vermengt es mit allen übrigen Zutaten zu Brät, bindet gegebenenfalls mit Weckmehl etwas nach.
Dann die Masse in einen Wurstsack füllen, durch ihn drücken und die Wurst (wie „nackete Brotwurscht") in kochendem Wasser gar ziehen lassen, bis sie aufsteigt.
Die Wurst schmeckt zu Brot, in (Schweine-) Schmalz angebraten, zu Kartoffelsalat oder einfach ohne alles ...

erlei Wasser getauft. In von der Sebastiansquelle gespeisten Bekken bei Gammertingen-Hettingen gezogen, sind sie mit dem Wasser der Echaz sozusagen noch zusätzlich abgeschmeckt.
Die Forellenzucht wird von Walter Dietmayer besorgt, der im Adler als Lieferant ein und aus geht, damit den Walkers nie die frischen Fische ausgehen. Die Regenbogenforellen aus Hettingen werden lebend in die Echaz umgesetzt, und der Gast kann zuschauen, wenn der Koch die Mahlzeit fängt.
Das nur 9 Grad kühle Wasser der Sebastiansquelle läßt die Dietmayerschen Zuchtforellen und -saiblinge fest und kernig im Fleisch werden, denn im kalten Wasser wachsen die Fische nicht so schnell. Zwei Jahre dauert es, bis die Kleinen ihr Portionsgewicht von etwa 380 bis 400 Gramm erreicht haben. In dieser Zeit hat die Forelle 2 bis 3 Kilogramm Kraftfutter gefressen. Würde der Züchter mehr füttern, täte er sich keinen guten Dienst. Forellen müssen knappgehalten werden, sonst überfressen sie sich, fressen sich zu Tode, bis sie platzen. Ihr Fleisch ist dann ungenießbar. Und es müssen bei der Zucht die Kleinen von den Großen streng getrennt werden, weil sonst die räuberischen Alten die Brut auffressen.
Solche Überlegungen werden von den vielen Gästen im Adler aber nicht angestellt. Im Küchenbekken der Echaz sind sie alle gleich groß und wohlgeraten. An guten Tagen werden zweihundert serviert, ob nun ganz oder als Filet, ob in Riesling oder Champagner, ob gebraten oder geräuchert, ob in Dill- oder Safransauce, ob als Suppe, Pastete oder Sülze.
Und so endet dann das muntere Forellenleben, beim munteren Mahl der Ausflügler. Oft hört man dann auch noch den alten Spruch: Der Fisch muß schwimmen ..., aber das ist ein ganz anderes Kapitel.

Angeln bringt in der Masse so gut wie nichts. Walter Dietmayer schöpft wie seine Kollegen die Forellen und Saiblinge aus dem Zuchtbecken ab. Bis er einen solchen Saibling aus dem Wasser der Sebastiansquelle in verkaufsfähiger Größe hat, muß er das Eineinhalb- bis Zweifache des Fischgewichts verfüttert haben.

In vino veritas – ond jetzt no d'Wohret

Wer Wein säuft – sündigt.
Wer Wein trinkt – betet.
Theodor Heuss

Rechte Seite: Hier direkt hinter dem Tübinger Rathaus beginnt die Gogei, das Altstadtviertel, in dem früher fast nur Wengerter wohnten. Inzwischen hat sich vieles geändert. Die Häuser sind herausgeputzt, manches chice Lädle hat aufgemacht, und die alten „Raupa" mit ihrer Ruppigkeit sind selten geworden. Selten sind der Menge nach auch die Tübinger Weine. Von den Studenten waren sie einst als „räße Rachenputzer" verschrien. Heute ist der Tübinger ein gesitteter Tischwein.

Und wenn es euch wie mir ergeht, so betet, daß der Wein gerät. Betet, hört nicht auf damit zu beten. Nicht nur die Kenner werden es euch danken. Die Anfänger von heute sind nämlich die Kenner von morgen. Der Wein ist ein Generationenelixier, das der ständigen Gewöhnung, des Umgangs und der Pflege bedarf. Man muß sich an ihn herantasten, man muß ihn riechen, schmecken, fühlen. Ihn zu erschrecken, grob anzufassen, zu schütteln, zu stoßen oder geistlos zu saufen, ist eine Sünde. Wer so gegen den Geist verstößt, ist ein geistloser Barbar. Wein ist nur bedingt ein Getränk – Wein ist Kultur, Philosophie, Verstand. Wem sagt er das? wird mancher Leser fragen. Die Viertelesphilosophen „vielesuffieren" schon lange genug über diese Maximen maximaler Kennererkenntnisse. Sie tun es, seit es Wein bei uns gibt, und den gibt es, Lob und Dank, schon seit Jahrhunderten. Die Römer hatten ihn mitgebracht, von den Mönchen war er gehätschelt worden, und nicht nur das, die Privilegierten genossen ihn stets in überreichem Maße, während das niedere Volk mit dem Wein des kleinen Mannes vorlieb nahm, dem Most.

Nach wohlstandgesättigten Zeiten der fast völligen Abstinenz von diesem gärigen Apfel- und Birnensaft ist es allmählich sogar schick, ein Fläschle Most aus dem Keller zu holen und dem Gast als Erfrischungsspender vorzusetzen – und kochen kann man auch damit.

Den Genossen der Weingärtnergenossenschaften ist indes der Rebensaft heute Lebenspender im Überlebenskampf der Landwirtschaft, wenn man den Weinbau füglich dazu rechnet. Der Weinbauer ist nach seinem Selbstverständnis zwar kein Bauer, obwohl er anbaut. Er versteht sich als Gärtner, will aber so schlicht auch wieder nicht genannt werden. Er ist halt ein ganz besonderes Unikum, einer, der im Wengert (Weingarten) schafft, und wenn er kein Gog, kein Tübinger Weingärtner ist und auch kein Huser aus Reutlingen, im Dialekt Wengerter genannt werden darf. Winzer dürfen Sie nicht zu ihm sagen, denn Winzer gibt es in Württemberg sowenig wie Weinbauern. Die Goga sind dann noch die Besonderen unter den Besonderen, weil man die auch als Raupa bezeichnet. Der Neckname Raup kann wohl von Rauhbauz oder ruppig abgeleitet werden, und die

Am Übergang vom Schwäbischen ins Fränkische macht der Neckar noch ein paar eindrucksvolle Schleifen und Haken wie hier bei Kirchheim. An den Sonnenhängen reifen zur Freude der Wengerter und der „Viertelesschlotzer" gute Jahrgänge.

Tübinger Gogawitz, von denen ich hier keinen erzählen darf, lassen an mancherlei Ruppigkeiten nichts zu wünschen übrig, was wiederum aber nicht prinzipiell gegen die geradlinige Lebensart der Goga spricht. Wer nun diese differenzierte, ausgewogene Kurzcharakteristik immer noch nicht verstanden hat, der muß sich direkt in der Gogei, der Tübinger Altstadt, oder in der einschlägigen Literatur Klarheit verschaffen.
Im Wein sind zehn Prozent Nährstoffe und neunzig Prozent Lebensfreude! Diese Lebensfreude erfaßt den beim Trollinger, Lemberger, Schwarzriesling, Riesling oder Kerner sitzenden und nicht nur dem Glase zugeneigten Leser, wie ich hoffe, auch schon bei relativ trockenen Informationen über den Wein.
Der Neckar und seine Nebenflüsse Rems, Murr mit Bottwar, Enz, Zaber, Kocher und Jagst sind die Lebensadern der schwäbischen Reblande, in denen die Rotweine dominieren. Fast 2000 von 8500 Hektar gehören dem Trollinger, der vorrangig herzhafte Vesperweine liefert. Unter den Spezialitäten finden sich Lemberger und Schwarzriesling häufiger als der Trollinger, der auch Namen wie Tirolinger, Großver-

Wenn der Schwabe Sebastian Blau vom „Blauen" spricht, meint er gewiß den Trollinger, denn das ist hierzulande mit Abstand der meistgetrunkene Rotwein, vielleicht sogar der beliebteste Wein überhaupt.

natsch, Hammelschelle, Mohrendutte oder Frankentaler trägt. Wahrscheinlich ist er aus Tirol zu uns gekommen, wo er auch als Meraner Kurtraube dient. Wir Schwaben halten ihn aber unbeirrt für unseren Nationalwein. Bei den Weißen liegt mengenmäßig der Riesling vor dem Silvaner vorne. Im Spezialitätenkabinett, dem Schatzkeller der heimischen Weine, sind besonders der Riesling und, als echtes Kind des größeren Schwabenlandes, der Kerner einer eingehenden Prüfung wert.

Siebzehnmal soll früher der Wengerter um den Rebstock gegangen sein, um am Ende des Jahres mit dem Niederlegen und Abdecken der Stöcke nach der Lese die Arbeit im Weinjahr zu beschließen. Manche Arbeitsgänge sind der jungen Generation im Weinbau heute kaum mehr geläufig. Der Einsatz von Maschinen und Änderungen im Produktionsverfahren haben im Wengertwerk Erleichterung gebracht, und doch ist die Arbeit immer noch schwer genug. Der Wein geht ins Gemüt, aber das Geschäft mit ihm noch immer in die Knochen. Ein steiler Buckel bleibt nun einmal ein steiler Buckel, und auch die schönste Rebflurbereinigung macht aus unserem Rauf und Runter keine Ebene. Wer schon mal bei der Lese mitgemacht hat, weiß das Klagelied zu singen und ermißt dabei am eigenen Leib, daß sich die Wengerter ihren Jahreslohn schmerzlich verdienen müssen. Mr hot sei Kreuz ond spürt's au arg em Wengert. Es täte jedem Weinzahn gut, sich wenigstens einmal in seinem weinseligen Leben demütig gebückt, gleichsam als krummes „Lesezeichen" auf der Kriechspur der Arbeit seinen Trollinger zu verdienen.

Sebastian Blau, den schwäbischen Dichter, habe ich schon zitiert. Sein anderes, hochdeutsches Ich zitiere ich nun mit dem Gedicht über die Weinbergstaffel:

In den Hügel eingehauen
Wie ein Rinnsal – viel zu schmal
Für das Übermaß des Blauen,
Das den Hang hinab ins Tal
Flimmernd, flirrend und kristallen
Ströme seines Lichtes gießt
Und kaskadengleich im Fallen
Über Mauerstufen fließt,
Bis es sich am Rand der Rinne,
Aprikosenbaumgesäumt,
Staut, als ob es sich besinne,
Und als rosa Gischt verschäumt.

Der Leidensweg der steilen Staffeln ist angesichts solcher poetischen Ansichten schnell vergessen. Da wird der Weinberg zur Idylle, zum lieblichen Genrebild, und weggeschäumt vom Wein ist er allemal auch in der Weinseligkeit der Besenwirtschaft. Die ausgeräumten Wohnstuben der Wengerter sind Wirtschäftla lärmender Fröhlichkeit. Der Besen vor dem Haus signalisiert die fröhliche Einkehr, und der Kehraus in den langen Nächten hat schon so manchen munteren Zecher arg geputzt. Ein kundiger Besenwirtschaftsgänger hat einmal zu mir gesagt: „Wenn i für jeden Balla, der do nausgschleppt wird, a Mark kriaga dät, na könnt i bloß no Champagner saufa!"
Für die Selbstvermarkter ist, nebenbei gesagt, der Besen ein einträgliches Geschäft, weil nicht nur viele preiswerte Viertele getrunken, sondern auch einiges zur Onderlag (als Basis) verzehrt wird. Schnell vergessa isch em Besa au dr gröschde Schmerz vom Lesa – zumindest für den Besenwirt, der allerdings a Saukuttel (ein großes Durchstehvermögen) braucht, um die Saison unbeschadet an Geist und Körper durchzu-

Allein die Erfahrung, wieviel Lust und Frohsinn aus einem solchen Fäßle einmal sprudelt, wird noch nicht für die gute Laune unseres Küfers bei seinem G'schäft sorgen. Freude macht ihm wohl mehr die neue Marktlage: Holzfässer sind wieder gefragt.

Wandlung

Von dem Tau des Himmels
und der Erde Kraft
tausendfach gesegnet,
quillt der Rebe Saft.
Und es schließt ihr goldner
Wein
Sonne, Mond und Sterne
ein.

Also frommer Zecher
trinkt im Rebensaft
von dem Tau des Himmels
und der Erde Kraft,
und er schlürft im goldnen
Wein
Sonnenlicht und Sternen-
schein.

August Lämmle

Wo Wein wächst, wird er auch gern getrunken, in stiller Stunde, in fröhlicher Runde – und nicht zuletzt zu einem guten Essen. Manches Mal mag manches Mahl auf den folgenden Seiten durch ein Glas Wein seine Krönung finden. Wohl bekomm's – prost!

stehen. Das anhaltend laute Klingeln in der Kasse ist aber ein so traumhaftes Geräusch in den durchwachten Nächten, daß der tiefe Nachtschlaf getrost dann auf den hellen Tag verlegt werden kann.

Außer den eingefleischten Besenwirtinnen und -wirten gibt es im Lande aber auch noch etliche andere Selbstvermarkter, deren zum Teil erhebliche Qualitätserträge die Selbständigkeit zulassen, den Markt bereichern und den guten Ruf der württembergischen Weine mehren. Die meisten Wengerter sind jedoch in den Genossenschaften organisiert und dort gut aufgehoben – und ihr Wein nicht minder, bis er den Weg durch unseren Keller ins Glas gefunden hat und wir das Lob eines guten Herbstes anstimmen können, mag er auch einige Jahre zurückliegen.

Stuttgart Juli 1935.

Vesper, Vorspeisen, Salate und Suppen

Elf-Uhr-Vesperle

4 Markknochen
300 g Ochsenbrust
300 g Tafelspitz
1 Zwiebel
1 Lorbeerblatt
2 Nelken
1 Knoblauchzehe
1 Kalbszüngle
200 g Kalbsbries
1 gelbe Rübe
1 Stange Lauch (Porree)
1 kleine Sellerie
1 Stich Butter

Wenn mr mo nakommt,
mo d Leut
vespere, do vespert mr
met.
Wenn mr mo nakommt,
mo d Leut
drenka, do drenkt mr
met.
Wenn mr mo nakommt,
mo d Leut
schaffe – do stört mr se
net!

Salzwasser aufkochen, Markknochen, Ochsenbrust und Tafelspitz hineingeben und 2–2 ½ Stunden köcheln lassen. Mit dem Schaumlöffel abschäumen. Die Zwiebel mit Lorbeerblatt und Nelken spikken und mit der Knoblauchzehe dazugeben.
Inzwischen das Züngle mit Wasser ansetzen und 2 Stunden kochen.
Das Bries blanchieren, Haut und Blutgerinnsel entfernen.
Gelbe Rübe, Lauch und Sellerie waschen, schälen und in feine Streifen schneiden. In einem flachen Topf mit Butter auf kleiner Flamme weich dünsten.
Nach 2 Stunden das Züngle aus dem Wasser nehmen und noch warm die Haut abziehen. Zusammen mit Bries, Ochsenbrust und Tafelspitz noch etwa 20 Minuten köcheln lassen. Mit der Gabel prüfen, ob das Fleisch weich ist.
Mit den gedünsteten Gemüsen, Sahnemeerrettich und Bauernbrot oder Röstkartoffeln servieren.

Gemütvoll, wie wir Schwaben sind, pflegen wir auch den Frühschoppen, zu dessen Imbissen kleine warme Gerichte gehören wie allerlei aus dem Sud, Schweinenierle sauer, ein Teller Kutteln und dazu ein Viertele Most oder Wein. Und den Nichtschwaben, besonders den lateinisch gebildeten, muß natürlich erklärt werden, daß Vesper nicht nur am „Abend" stattfinden kann, sondern praktisch jederzeit zwischen 0 und 24 Uhr.

Schwäbischer Kartoffelsalat

So schön blüht die Kartoffel!

1 kg Salatkartoffeln
1 Zwiebel
Salz, Pfeffer aus der Mühle
1 TL Senf
2 EL Weinessig
1 Tasse Fleischbrühe
3 EL Sonnenblumenöl

Tips:
Nur beste Salatkartoffeln (z. B. Sieglinde) verwenden.
Kartoffelsalat nie eiskalt auf den Tisch bringen und grundsätzlich nur am Tag der Zubereitung!

Die Kartoffeln in der Schale waschen und in mäßig gesalzenem Wasser kochen. Noch warm schälen und in 2 Millimeter dicke Scheiben schneiden oder hobeln. In Würfel geschnittene Zwiebel, Salz, Pfeffer, Senf, Essig, Fleischbrühe und Öl zugeben und vermengen. Gut durchziehen lassen und nochmals abschmecken.
Dazu ißt man gerne warmen Leberkäs – nach EG-Terminologie *Fleischkäse* geheißen –, eine Rote (Schützenwurst) oder ähnlich Herzhaftes. Und ob Sie lieber ein Viertele Trollinger vor sich stehen haben oder ein kühles Bier, bleibt Ihnen überlassen.

Ein Schwabe ohne Spätzle und ohne seinen schwäbischen Kartoffelsalat ist undenkbar. Lothar Späth, der frühere Ministerpräsident des Landes der Württemberger und Badener, hat dessen Konsistenz einmal mit „zwische soichnaß ond furztrokke“ beschrieben. Für die Zubereitung gibt es Varianten, zum Beispiel mit feingehobelten Scheiben frischer Gurke untermengt oder mit geriebenen statt geschnittenen Kartoffeln.
Für den „geriebenen Kartoffelsalat“ braucht man nach Omas Rezept zusätzlich noch die Eigelb von 2 hartgekochten Eiern. Die bereits am Vortag gekochten und geschälten Kartoffeln reiben, die feingewiegte Zwiebel, Salz und Pfeffer zugeben. Das Eigelb mit Essig vermengen und mit der lauwarmen Fleischbrühe über die Kartoffeln geben. Mit dem Öl gut durchrühren.

Speckkuchen

Sgeit nix Bessers als ebbes Guats! Und das ist der Speckkuchen mit Sicherheit. Zur abendlichen Runde mit Freunden bei einem trockenen Trollinger oder Riesling ist er der richtige Begleiter.

Für den Teig:
180 g Mehl
10 g Hefe
⅛ Liter lauwarmes Wasser
2 EL Öl
Salz

Für den Belag:
80 g Butter
2 Eigelb
200 g saure Sahne
150 g Speckscheiben
100 g Zwiebeln
10 g Kümmel

Fett für das Backblech

Tip:
Beliebt ist auch der kombinierte Speck-und-Lauchkuchen. Reduzieren Sie für diese Variante die Speckwürfel auf 30 g und geben Sie dafür 150 g feingeschnittenen Lauch zu.

Das Mehl in eine Schüssel geben, in der Mitte vertiefen, die Hefe im Wasser auflösen. Das Öl und eine Prise Salz zugeben und die Zutaten zu einem glatten Teig verarbeiten. An einem warmen Ort gehen lassen.
Backofen auf 200 °C vorheizen. Inzwischen die Butter schaumig rühren, dann nach und nach Eigelb und saure Sahne einrühren. Speck und Zwiebeln in feine Würfel schneiden und mit Kümmel würzen.
Den Teig nochmals kurz kneten, dann messerdick ausrollen, auf ein gefettetes Blech legen und den Belag aufstreichen. Im Backofen mit viel Unterhitze etwa 18 Minuten backen.

Schwäbische Lumpesupp Luckeleskäs

SCHWÄBISCHE LUMPESUPP
200 g Kalbskopf
200 g Ochsenmaulsalat
200 g weißer Preßsack oder weiße Preßwurst
1 rote Zwiebel
1 Bund Radieschen
1 kleines Bund Schnittlauch

Für das Dressing:
3 EL Sonnenblumenöl
1 EL Mostessig
100 ml Most
1 TL mittelscharfer Senf
Salz, Pfeffer, 1 Prise Zucker

LUCKELESKÄS
100 ml süße Sahne
800 g Quark
100 g Sauerrahm
Salz, Pfeffer, Kümmel
1 Bund Schnittlauch

SCHWÄBISCHE LUMPESUPP (oben)
Den gekochten Kalbskopf, den Ochsenmaulsalat und den Preßsack in mundgerechte Stücke schneiden. Zwiebel in feine Streifen, Radieschen in Scheibchen schneiden und mit dem frisch geschnittenen Schnittlauch untermengen.
Die Zutaten für das Dressing mit dem Mixstab gut verrühren und vorsichtig unter den Salat mengen.

Sie haben es schon bemerkt: Was hier Suppe heißt, ist in Wirklichkeit ein herzhafter, urschwäbischer Salat. Bereiten Sie ihn doch einmal an einem lauen Sommerabend zu und reichen Sie dazu Brägele, Bratkartoffeln.

LUCKELESKÄS (unten)
Die Sahne steif schlagen, dann den Quark und den Sauerrahm unterrühren. Mit Salz und Pfeffer abschmecken, mit dem Kümmel und gehacktem Schnittlauch verfeinern.

Auch hier gilt: Dieser Käse ist kein Käse, sondern Quark – und wo noch selbst Hühner aufgezogen werden, füttert man gern die Luckele, die Küken damit – natürlich ungewürzt. Aber richtig gewürzt schmeckt er keineswegs wie Hühnerfutter, sondern ganz hervorragend zu neuen Kartoffeln.
Und wer gar solch ein schönes Sieb wie auf dem kleinen Foto sein eigen nennen darf, macht auch die Grundlage für die weiße Köstlichkeit selbst.

Spanferkelsülze

400 g Spanferkelschulter
5 Liter Wasser
100 g Nitritsalz
1 Zwiebel
1 Lorbeerblatt
1 Nelke
30 g gelbe Rüben
30 g Zucchini
30 g Essiggurke
⅛ Liter Gurkenmarinade
⅛ Liter Spanferkelmarinade
20 g Aspikpulver

Für die Zwiebelmarinade:
1 Eigelb
3 EL Sonnenblumenöl
2 EL Mostessig
1 EL Most
1 TL Senf mittelscharf
Salz, Pfeffer aus der Mühle
1 Prise Zucker
2 Zwiebeln
1 kleines Bund Schnittlauch

1 hartgekochtes Ei

Tips:
Die Spanferkelschulter lassen Sie am besten schon von Ihrem Metzger ausbeinen.
An heißen Sommertagen sollten Sie die Menge des Aspikpulvers um 2–3 Gramm erhöhen.

Die ausgebeinte Schulter in Wasser mit Nitritsalz 2–3 Tage kühl stellen. Dann aus der Marinade nehmen und von dieser ⅛ Liter aufheben.
Die Zwiebel mit Lorbeerblatt und Nelke spicken und zusammen mit dem Fleisch in ungesalzenem Wasser 2–2 ½ Stunden kochen. Fleisch herausnehmen, erkalten lassen und in feine Würfel schneiden. Gelbe Rüben und Zucchini ebenfalls würfeln, in kochendem Wasser kurz aufkochen, dann kalt abschrecken. Die Gurke fein schneiden und mit den übrigen Zutaten in 4 Suppentassen füllen. Die Gurken- und die Spanferkelmarinade zusammengießen und mit Aspikpulver unter ständigem Rühren aufkochen. Etwas erkalten lassen und ebenfalls in die Tassen füllen. Im Kühlschrank etwa 8 Stunden erstarren lassen. Dann die Tassen kurz in heißes Wasser tauchen, die Sülzen auf Teller stürzen und jeweils etwas Zwiebelmarinade zugeben. Mit Eischeiben garnieren.
Für die Zwiebelmarinade die Zutaten im Mixer gut vermengen, wobei die kleingeschnittenen Zwiebeln und Schnittlauch erst am Schluß zugegeben werden.

Auch dies ist als Vesper „rund um die Uhr“ bestens geeignet. Dazu kann man Laugebrezeln essen und ein Viertele Trockenen, weiß oder rot, vertragen.

Bohnensalat mit Kalbsnieren

500 g Wachsbohnen

Für die Marinade:
1 Zwiebel
1 kleines Bund Petersilie
2 EL Weißweinessig
3 EL Sonnenblumenöl
1 TL mittelscharfer Senf
1 TL Zucker
Salz, Pfeffer aus der Mühle

2–3 Kalbsnieren
Salz, Pfeffer aus der Mühle
1 EL Mehl
1 EL Öl

Für die Meerrettichbutter:
80 g Butter
50 g geriebener Meerrettich
Zitronensaft

Für die Garnitur:
2 Tomaten
50 g Kresse

Die Bohnen waschen, falls nötig von Fäden befreien, kochen und abkühlen lassen.
Für die Marinade Zwiebel fein schneiden und Petersilie hacken. Aus allen Zutaten eine würzige Marinade bereiten. Die Bohnen darin 2–3 Stunden ziehen lassen.
Die Nieren von Strängen und Fett befreien, in Scheiben schneiden, mit Salz und Pfeffer würzen. Leicht mit Mehl bestäuben und im Öl anbraten.
Als Beilage Butter und Meerrettich schaumig rühren und mit einem Spritzer Zitronensaft abschmecken.
Beim Servieren mit Tomatenvierteln und Kresse garnieren. Dazu die Meerrettichbutter reichen.

Ein leichtes Vesper für den Sommerabend. Dazu würde ein trockener Riesling gut schmecken, eventuell auch als Schorle, und ein, zwei Scheiben Bauernbrot.
Anstelle der Kalbsnierenscheiben könnten Sie auch Leber oder Bries servieren.

Rotkrautsalat mit Entenbrustscheiben

Ob dann die Schwaben nit auch leut weren? – Diese rhetorische Frage steht schon in der Zimmerschen Chronik des 16. Jahrhunderts zu lesen. Und die Leut in Schwaben haben früher sehr einfach gelebt, weil es zu mehr nicht gelangt hat. Doch heute läßt man sich's wenn möglich besser gehen. Das alte Klischee von der sehr einfachen schwäbischen Hausmannskost gilt also nicht mehr.
Trotzdem ist es beispielsweise auf der Schwäbischen Alb bis heute üblich und nötig, immer wieder die Steine von den Feldern zu sammeln, damit die dünne Bodenkrume genug hergibt.

1 kleiner Kopf Rotkraut
Salz, Pfeffer
1 Zwiebel
3 EL Essig (Balsamico)
2 EL Johannisbeergelee
2 säuerliche Äpfel
3 EL Walnußöl

4 Entenbrüstchen
Salz, Pfeffer
1 EL Öl

Tips:
Gerade im Winter sollten Sie auf Vitamine nicht verzichten. Rotkraut ist vitaminreich.
Zum Schneiden des Krauts können Sie ohne weiteres die Aufschnittmaschine benützen, mit der Sie sonst Brot oder Wurst aufschneiden.

Die äußeren Blätter und die dicken Blattrippen des Krauts entfernen, Strunk herausschneiden. Kraut quer in feine Streifen schneiden, in einer Schüssel mit Salz und Pfeffer abschmecken. Etwa 2 Stunden ziehen lassen, dann die feingewürfelte Zwiebel zugeben.
Backofen auf 180 °C vorheizen. Essig und Johannisbeergelee etwas erwärmen, über das Kraut geben und noch einige Minuten ziehen lassen. Die Äpfel schälen, in feine Stücke schneiden und mit dem Öl unter das Kraut mischen.
Die Entenbrüstchen mit Salz und Pfeffer würzen, mit Öl kurz scharf anbraten, dann im Backofen in etwa 15 Minuten fertig braten.
Vor dem Aufschneiden etwas ruhen lassen.

Schwäbische Mostsuppe mit Kalbskopf

200 g Kalbskopfmaske
½ Zwiebel, gespickt mit
1 Nelke und 1 Lorbeerblatt
Salz

300 g Kalbsknochen
100 g Zwiebeln
20 g Sellerie
40 g Lauch (Porree) ohne Grün
1 Apfel
2 EL Öl
¼ Liter Most
¼ Liter Weißwein
½ Liter Kochwasser vom Kalbskopf
½ Lorbeerblatt
3 Wacholderbeeren
1 Nelke
1 EL Speisestärke
200 ml süße Sahne
Zucker, Salz, Glutamat

Tip:
Das übrige Fleisch vom Kalbskopf ergibt am nächsten Tag einen pikanten Kalbskopfsalat: Fleisch in feine Scheiben schneiden, mit feingeschnittenen Zwiebeln, Weinessig, Salz, Pfeffer und Öl anmachen. Auf einem Salatblatt anrichten, mit Radieschen garnieren und mit gehacktem Schnittlauch bestreuen. Als Beilage Brot oder Bratkartoffeln.

Die Kalbskopfmaske mit der Spickzwiebel in Salzwasser 2 ½ Stunden gut weich kochen. Inzwischen die Knochen fein hakken, zusammen mit den grob geschnittenen Zwiebeln, Sellerie, Lauch und Apfel in Öl angehen lassen, ohne daß die Teile Farbe nehmen. Mit Most ablöschen, mit einem Drittel der Weißweinmenge und dem Kochwasser auffüllen. Die Gewürze zugeben, gut durchkochen lassen. Die Suppe passieren und nochmals aufkochen. Speisestärke mit etwas Weißwein anrühren und mit dem restlichen Wein in die kochende Suppe einrühren. Zuletzt die Sahne zugeben, nochmals aufkochen und mit Zucker, Salz und Glutamat abschmecken.
Den gekochten Kalbskopf in feine Würfel schneiden und als Suppeneinlage verwenden.

Einem Schwaben braucht man es ja nicht zu sagen, daß mit „Most“ der vergorene Saft von Äpfeln und Birnen gemeint ist, mit mehr oder weniger Wasser verdünnt – aber vielleicht will ja auch mal eine norddeutsche Deern ihrem Schwabenbüble ein Süpple kochen. Trinken kann man den Most natürlich erst recht, und wenn nicht aus dem eigenen Faß im Keller, tut's auch ein Fläschle Most aus dem Getränkeladen.

Brotsuppe

Sie ist aus der Mode gekommen – die Brotsuppe. Dabei stellt sie die sinnvollste Verwendung von Brotresten dar. Und daß die Schwäbin in der Küche nichts vom Knoblauch hält und der Schwabe ihn nicht riechen kann, hat sich durch intensive Reiselust in südliche und westliche Länder längst geändert. Die fein zerdrückte Knoblauchzehe gibt der Brotsuppe also etwas vom Geschmack der großen, weiten Welt, auf den Sie nicht verzichten sollten.

100 g Brotreste
60 g Butter
1 Zwiebel
1 EL Mehl
1 ½ Liter Fleischbrühe
1 Knoblauchzehe
2 Eigelb
3 EL süße Sahne
Salz, Pfeffer aus der Mühle
Muskat
1 Scheibe Weißbrot
1 Scheibe Schwarzbrot
1 Bund Schnittlauch

In einem großen Topf die feingeschnittenen Brotreste in etwas zerlassener Butter goldgelb rösten. Die in Würfel geschnittene Zwiebel zugeben und kurz mitdünsten. Mit Mehl bestäuben, durchrühren und die abgekühlte Fleischbrühe zugießen. Die zerdrückte Knoblauchzehe zugeben, die Suppe aufkochen und dann 20–30 Minuten weiter köcheln lassen.
In einer Suppenschüssel Eigelb und Sahne verquirlen, mit der heißen Suppe übergießen. Mit Salz, Pfeffer und Muskat abschmecken.
Die Brotscheiben in feine Würfel schneiden, anrösten und mit dem gehackten Schnittlauch über die Suppe geben.

Knöpfle

HIRNKNÖPFLE
1 Schalotte
60 g Butter
2 Eigelb
70 g gekochtes Hirn
1 EL Petersilie
1 EL Schnittlauch

QUARKKNÖPFLE
40 g Butter
2 Eigelb
50 g Weckmehl
80 g Quark (40 % Fettgehalt)
1 TL feingeschnittenes Basilikum
Salz, Pfeffer, Muskat

KRÄUTERKNÖPFLE
1 mittelgroße Zwiebel
2 Bund (50 g) Petersilie
1 Bund Schnittlauch
20 g Butter
2 Scheiben Toastbrot
⅛ Liter Milch
2 Eier
1 Bund Kerbel

Für den Spätzlesteig:
300 g Mehl
3 Eier
⅛ Liter Wasser

Muskat, Salz, Pfeffer

HIRNKNÖPFLE (oben)
Die Schalotte in feine Würfel schneiden, in einem Stich Butter glasig dünsten und dann kalt stellen.
Die restliche Butter schaumig schlagen und nach und nach die Eigelb einrühren. Das gekochte Hirn gut ausdrücken und mit der Schalotte, der gehackten Petersilie und dem Schnittlauch unter die Masse rühren.
Von diesem Teig mit einem jedesmal in kaltes Wasser eingetauchten Teelöffel Knöpfle, Klößchen auf ein Blech abstechen, in kochendes Salzwasser geben, einmal aufkochen und dann bei schwacher Hitze etwa 10 Minuten ziehen lassen.

QUARKKNÖPFLE (Mitte)
Die Butter schaumig rühren. Nach und nach Eigelb und Weckmehl zugeben. Den ausgedrückten Quark und das Basilikum einrühren. Die Masse etwa 1 Stunde kalt stellen.
Wie bei den Hirnknöpfle aus dem Teig Knöpfle abstechen, aufkochen und dann ziehen lassen.

KRÄUTERKNÖPFLE (unten)
Die geschälte Zwiebel in feine Streifen schneiden. Petersilie und Schnittlauch waschen, grob zerkleinern. Zwiebel und Kräuter in der Butter anschwitzen, dann kalt stellen.
Die Rinde des Toastbrots und das Innere gesondert in kleine Würfel schneiden.
Die Milch zum Kochen bringen und darin die Rindenwürfel einweichen. Die anderen Brotwürfel mit den Eiern vermengen.
Den Spätzlesteig herstellen. Die erkalteten Zwiebelwürfel und die Kräuter mit dem eingeweichten und dem mit Eiern vermengten Brot durch den Fleischwolf drehen. Die entstandene Masse dem Spätzlesteig zugeben, gut vermengen und abschmecken. Mit einem Löffel in kochendes Salzwasser Knöpfle abstechen und kochen lassen, bis sie aufsteigen. Mit einem Schaumlöffel herausheben und auf einem flachen Sieb abtropfen lassen.

Welch ein Genuß: ein aus Rindfleisch und Markknochen selbst gekochtes Brühle und darin schwimmend die köstlichen Knöpfle! Aber auch als Beilage zu einem herzhaften Fleischgericht sind sie saumäßig gut.

Karottensuppe mit Griessknöpfle

Für die Grießknöpfle:
20 g Butter
1 Ei
45 g Grieß
Salz, Muskat

Für die Karottensuppe:
500 g junge Karotten
2 Schalotten
50 g Butter
1 Liter Geflügel- oder helle Kraftbrühe
3 EL süße Sahne
Zucker, Salz, Pfeffer aus der Mühle
Winzersekt

Für die Grießknöpfle die Butter schaumig rühren, langsam Ei und Grieß dazugeben und gut durchrühren, abschmecken und kurz kalt stellen. Dann in kochendes Salzwasser Knöpfle abstechen, aufkochen lassen und kalt abschrecken. Nochmals kurz aufkochen und dann einige Minuten ziehen lassen.
Für die Suppe die Karotten waschen, schälen und in dünne Scheiben schneiden. Die Schalotten fein würfeln und in Butter anschwitzen. Die Karotten dazugeben, nochmals etwas angehen lassen, ohne daß sie Farbe nehmen. Die Brühe zugießen und etwa 30 Minuten köcheln lassen. Wenn die Karotten weich sind, zusammen mit den Schalotten herausnehmen, pürieren und durch ein Sieb zurück in die Brühe passieren. Die Sahne zugeben, mit Zucker, Salz und Pfeffer abschmecken. Mit einem Schuß Winzersekt verfeinern und vor dem Servieren die Grießknöpfle einlegen.

Der Ausdruck „Karottensuppe" zeigt schon, daß hier etwas aus der modernen schwäbischen Küche in der Schüssel dampft, sonst müßte es „Gelbe-Rüben-Suppe" heißen. Und Sekt zum Verfeinern in die Suppe? Bei Opa und Oma kam allenfalls an einem ganz besonderen Festtag ein Fläschle auf den Tisch – zum Trinken natürlich!

Wildkraftbrühe mit Rehleberknöpfle

1 kg Wildknochen
Bratfett
1 Zwiebel
½ Sellerieknolle
1 gelbe Rübe
⅛ Liter Rotwein
Salz
6 Pfefferkörner
1 Lorbeerblatt
1½ Liter Wasser
150 g Rinderwade
1 Knoblauchzehe
5 Stengel Petersilie
4 Eiweiß
2 TL Sherry

Für die Rehleberknöpfle:
100 g durchwachsenes Schweinefleisch
50 g Rehleber
50 g Rehfleisch
150 ml süße Sahne
2 EL Weinbrand
Salz, Pfeffer aus der Mühle
50 g feingehackte Pistazienkerne

Tip:
Mit dieser Kraftbrühe legen Sie bei jedem Festessen Ehre ein. Falls Sie keine Rehleber bekommen können, läßt sich auch Kalbsleber verwenden.

Die Wildknochen in heißem Fett anbraten und Farbe nehmen lassen. Zwiebel, Sellerie und gelbe Rübe fein würfeln, zugeben und mit anbraten. Einige Male mit Wasser und mit Rotwein ablöschen und reduzieren. Gewürze zugeben, mit Wasser auffüllen und 4–5 Stunden köcheln lassen. Dann durch ein Sieb passieren, die Gemüse zurückbehalten und die Brühe abkühlen lassen. Rinderwade, gekochte Gemüse, Knoblauch und Petersilie durch den Fleischwolf drehen und mit Eiweiß gut vermengen. In die Brühe geben und unter dauerndem Rühren langsam zum Kochen bringen. Etwa 1–2 Stunden ziehen lassen, dann durch ein Tuch passieren. Nochmals aufkochen und mit Sherry verfeinern.

Für die Knöpfle das Schweinefleisch, die Leber und das Rehfleisch im Fleischwolf zerkleinern, durch ein Sieb streichen und dann kalt stellen, indem man in eine zweite, etwas größere Schüssel einige Eiswürfel gibt und die Schüssel mit der Fleischmasse daraufstellt. Die Sahne und den Weinbrand vorsichtig einrühren. Mit Salz und Pfeffer würzen, schließlich die feingehackten Pistazien dazugeben.
Mit einem Teelöffel halbmondförmige Knöpfle abstechen, in heißem Wasser kurz ziehen lassen und dann mit der Kraftbrühe servieren.

Pfifferlingrahmsüpple
Flädlessupp

PFIFFERLINGRAHMSÜPPLE
3 Schalotten, 40 g Butter
200 g Pfifferlinge
1 TL Tomatenmark
Weißwein
¼ Knoblauchzehe
½ Lorbeerblatt
1 Thymianzweig, Kerbel
Petersilie, ½ Liter
Fleischbrühe, 300 ml süße
Sahne, 1 EL Speisestärke
Salz, Zucker, Pfeffer
Muskat, Schnittlauch
etwas geschlagene Sahne

FLÄDLESSUPP
Für die Fleischbrühe:
300 g Suppenknochen vom
Rind, 500 g Rinderbrust
Salz, 1 gelbe Rübe
¼ Sellerieknolle
1 Lorbeerblatt
2 Wacholderbeeren
1 Zwiebel, 1 kleine
Lauchstange, 1 Sträußchen
Liebstöckel, Muskat
Pfeffer aus der Mühle
1 Knoblauchzehe
½ Bund Schnittlauch

Für die Flädle:
¼ Liter Milch, 3 Eier
120 g Mehl, je 1 Prise Salz
und Zucker, 2 EL Butter
zum Ausbacken

Tip:
Die Rinderbrust als Hauptgericht mit Meerrettichsauce und Bratkartoffeln servieren.

PFIFFERLINGRAHMSÜPPLE
Die Schalotten schälen, kleinschneiden und in der Butter angehen lassen. Etwa zwei Drittel der Pfifferlinge mit den Schalotten andünsten. Tomatenmark einrühren, alles kurz Farbe nehmen lassen, mit Weißwein ablöschen. Knoblauch, Lorbeerblatt und die Stiele der Kräuter zugeben (die Blätter für die Einlage hacken), mit Fleischbrühe auffüllen und gut durchkochen lassen. Sahne einrühren, nochmals kurz aufkochen lassen und mit Speisestärke, die in Weißwein angerührt wurde, abbinden. Abschmecken und im Mixer fein pürieren. Durch ein Sieb passieren, aufkochen, die feingehackten Kräuterblätter und den gehackten Schnittlauch einrühren und die zurückbehaltenen Pfifferlinge zugeben. Mit etwas Schlagsahne verfeinert servieren.

FLÄDLESSUPP (oben)
Für die Fleischbrühe die Knochen mit kaltem Wasser aufsetzen und zum Kochen bringen. Wasser abgießen, die Knochen säubern, erneut mit kaltem Wasser aufsetzen und erhitzen, Rinderbrust zugeben; salzen, gelbe Rübe, Sellerie, Lorbeerblatt und Wacholderbeeren beifügen und 2–2 ½ Stunden köcheln lassen, dabei öfters abschäumen. Die halbierte Zwiebel auf der Schnittfläche scharf anrösten und mit dem Lauch für die letzten 30 Minuten der Kochzeit zugeben. Wenn das Fleisch weich ist, herausnehmen.
In ein Haarsieb frischgerupfte Liebstöckelblätter geben, Muskat und Pfeffer darüberreiben oder -mahlen und zerdrückte Knoblauchzehe zufügen. Die Brühe mit einem Schöpflöffel ohne den Bodensatz im Topf durch das Sieb passieren, nochmals kurz aufkochen und abschmecken.
Den Flädlesteig aus den Zutaten anrühren und dünne Flädle ausbacken. Abkühlen lassen, dann schmale Streifen daraus schneiden und in die Fleischbrühe geben. Mit gehacktem Schnittlauch bestreut sofort servieren.

Es gibt tatsächlich Leut, die wisset gar nemme, wie gut e selbstkochte Fleischbrüh schmeckt, geschweige, wie mr's macht – et aus Brühwürfele! Und wer in Hamburg oder sonstwo in der Republik weiß schon, wie gut die original schwäbische Flädlessupp ist!

FISCHGERICHTE

Lachsforelle in grünem Nudelteig und Riesling

5 Tranchen
Lachsforellenfilet à 120 g
2 EL Noilly-Prat
(französischer Vermouth)
1 Zitrone
Salz, Pfeffer, Zucker
100 ml süße Sahne
1 Bund Dill
grüner Nudelteig (Rezept siehe S. 140)
1 Eiweiß

Für die Rieslingsauce:
1 Schalotte
1 EL Butter
2 EL Noilly-Prat
(französischer Vermouth)
¼ Liter Riesling
300 ml süße Sahne
1 EL Mondamin
Salz, Zitronensaft, Zucker
1 EL Crème fraîche

Tips:
Süßwasserfisch sollte möglichst gleich nach dem Schlachten zubereitet werden. Wollen Sie ihn erst am nächsten Tag verwenden, stellen Sie ihn in einer Porzellanschüssel zugedeckt in den Kühlschrank.
Grundsätzlich Fisch nach dem Garen nicht lange warm stellen! Im warmen Ofen wird er trocken, und im Kochwasser zerfällt er. Rohen Fisch kann man ohne weiteres einfrieren.

Das Lachsforellenfilet von Gräten und Haut befreien, waschen und trockentupfen. Eine der Tranchen sehr fein hacken, salzen, in Noilly-Prat marinieren und dann im Tiefkühlfach leicht anfrieren.
Inzwischen die übrigen Tranchen in Zitronensaft marinieren, würzen und kalt stellen.
Das angefrorene gehackte Filet im Mixer kurz durchdrehen, bis ein Klumpen entsteht, dann nach und nach kalte Sahne zugeben. Den Dill fein hacken und in die Farce einrühren; abschmecken. Die fertige Farce in einer Schüssel auf Eis kalt stellen.
Inzwischen den Nudelteig dünn (höchstens messerrückendick) ausrollen. 8 Rechtecke ausschneiden, 4 davon in der Mitte mit Farce gerade so weit bestreichen, daß jeweils eine Tranche darauf Platz hat. Die Tranchen auf die Farce setzen und dann rundum mit der übrig gebliebenen Farce einstreichen. Nicht bedeckte Teigflächen mit Eiweiß bepinseln. Ein gleich großes Nudelrechteck auflegen, gut andrücken, an den Enden zur Bonbonform zusammendrücken. Beiseite legen, bis die Sauce fertig ist.
Für die Rieslingsauce die feingeschnittene Schalotte in der Butter angehen lassen, mit Noilly-Prat ablöschen, mit Weißwein auffüllen, aber davon einen kleinen Rest zurückbehalten. Die Sahne zugeben und aufkochen lassen. Mondamin mit dem restlichen Wein anrühren und die Sauce damit leicht abbinden. Mit Salz, Zitronensaft und wenig Zucker abschmecken, mit Crème fraîche verfeinern.
Die vorbereiteten Forellenfilets in kochendem Salzwasser 3–4 Minuten garen.
Beim Servieren Rieslingsauce angießen und den Rest in einer Sauciere dazu reichen.

Laut Lexikon lebt die Meer- oder Lachsforelle im küstennahen Meer zwischen Portugal und Weißem Meer. Zum Ablaichen nach uraltem Instinkt in den Oberlauf der Flüsse, beispielsweise des „chemisch reinen“ Rheins, zu wandern, wird kaum noch einem Fischle gelingen. Bleibt uns nichts anderes übrig als die zwar nicht lexikonreife, aber hierzulande marktbeherrschende „Lachsforelle“. Sie ist in Wahrheit eine Regenbogenforelle, der ihr Herr und Züchter durch besondere Fütterung ein lachsähnliches Fleisch verschafft hat: mit verblüffendem Erfolg.

Saiblingsfilet mit saurem Rahm und Brösel

700 g Saiblingsfilets
Saft von ½ Zitrone
Salz, Pfeffer
1 Bund Dill
1 Bund Petersilie
1 Bund Kerbel
4 EL geriebene Weißbrotkrume
60 g Butter
100 g Sauerrahm

Die Saiblingsfilets entgräten, enthäuten und unter fließendem kaltem Wasser kurz abwaschen, dann mit Küchenkrepp trockentupfen. Die Filets mit dem Zitronensaft säuern, vorsichtig würzen und kühl stellen.
Die frischen Kräuter waschen, fein hacken und mit der Weißbrotkrume mischen.
In einer Pfanne mit der Hälfte der Butter die Filets mit der Hautseite nach unten braten, ohne sie zu wenden. Nach etwa 2 Minuten mit Kräutern und Weißbrotkrume bestreuen und mit Sauerrahm übergießen. Beim Fertigbraten immer wieder mit der zerlassenen restlichen Butter übergießen.
Als Beilage empfehlen sich in Butter geschwenkte Kartoffeln, und dazu schmeckt ein trockener Kerner oder auch ein leichter Weißherbst.

Vom Saibling, wie die Forellen ein Lachsfisch, kennen wir bei uns zwei Vettern: Der Seesaibling kommt nur in Hochgebirgs- und einigen tiefen Voralpenseen vor. Wohl dem, der noch einen ergattern kann, an der eigenen Angel oder von einem befreundeten Petrijünger. Er ist nämlich sehr selten geworden. In unseren sauberer werdenden Bächen – und beim Fischhändler – wieder häufiger zu finden ist der Bachsaibling, übrigens erst vor gut hundert Jahren als gebürtiger Nordamerikaner bei uns 'reigschmeckt. Sein Fleisch von zartrosa Farbe ist im Geschmack noch feiner als das der Forelle. Man ißt ihn gern gebacken wie auch gedünstet.

Wallerfilet aus dem Wurzelsud

3 Schalotten
20 g Butter
20 ml Noilly-Prat
(französischer Vermouth)
⅛ Liter Weißwein
600 ml Fischfond
(Grundrezept siehe S. 100)
50 g Sellerie
50 g weißer Lauch (Porree)
50 g gelbe Rüben
50 g Petersilienwurzel
1 Lorbeerblatt
2 Nelken
5 Wacholderbeeren
1 kleines Bund Dill
750 g Wallerfilet
Saft von ½ Zitrone
Salz, Pfeffer aus der Mühle
Zucker

Für die Meerrettichsauce:
400 ml Gemüsesud
1 EL frisch geriebener
Meerrettich
¼ Liter süße Sahne
1 EL Zitronensaft
1 EL Speisestärke
Weißwein
Salz, Zucker
Saft von ½ Zitrone

Tip:
Wichtig ist, daß die Filets bei ganz kleiner Hitze gar ziehen.

Die geschälten und kleingeschnittenen Schalotten in der Butter anschwenken, mit Noilly-Prat ablöschen und mit Wein und Fischfond auffüllen. Die Gemüse in feine Streifen schneiden und dem Fond beigeben, ebenso die Gewürze und die Stiele des Dills (die Blättchen werden zum Garnieren verwendet). Den Fond köcheln lassen, bis die Gemüse knackig gegart sind.
Die Wallerfilets mit Zitronensaft und etwas Salz würzen und für 3–4 Minuten in den siedenden Sud geben, dann herausnehmen und in einem flachen Topf mit etwas Sud auf kleiner Flamme gar ziehen lassen.
Für die Sauce vom Gemüsesud 400 ml abpassieren, Meerrettich und Sahne zugeben und aufkochen. Die Speisestärke mit einem Schuß Weißwein und dem Zitronensaft anrühren und in die kochende Sauce rühren. Abschmecken.
Auf den Teller einen Saucenspiegel gießen, die Filets anrichten, mit den Gemüsestreifen und Dillblättchen garnieren.
Der Weißwein, den Sie dazu reichen, darf auch halbtrocken sein.

Den größten europäischen Süßwasserfisch haben Sie hier auf dem Tisch – wenn auch hoffentlich nicht eines seiner größten Exemplare. An der unteren Donau soll es Kerle bis zu 5 Zentner geben, und den dicksten „Schwaben" zog man nach dem Zweiten Weltkrieg bei Donauwörth aus dem Wasser: genau 3 Meter lang und 3 Zentner schwer – reif für die Trophäensammlung, aber nicht für die Küche. Am besten schmeckt dieser nächtliche Jäger, wenn er noch jung ist. Übrigens wird er meist gebraten, gegrillt oder in Bierteig gebacken. Aus dem Wurzelsud ist er also etwas besonders Feines!

Rührei mit Bodensee-Aal und Kartoffelküchle

Für die Kartoffelküchle:
500 g Kartoffeln
300 ml Milch
3 EL süße Sahne
6 Eier
3 EL Mehl
Salz, Pfeffer aus der Mühle
Muskat
Butter zum Ausbacken

Für die Rühreier:
2 Schalotten
30 g Butter
200 g geräucherter Aal
6 Eier
1 kleines Bund Dill

Für die Küchle die Kartoffeln in der Schale weich kochen, ausdampfen lassen und noch warm schälen. Durch eine Kartoffelpresse drücken und zum Abkühlen beiseite stellen.
Dann mit der warmen Milch verrühren und Sahne, Eier und Mehl dem Püree zugeben, mit Salz, Pfeffer und Muskat abschmecken. 30 Minuten ruhen lassen. In der geklärten Butter zu kleinen Küchle ausbacken und warm stellen.
Für das Rührei die Schalotten schälen, kleinschneiden und in Butter angehen lassen. Die Aalstücke zugeben, durchschwenken. Die aufgeschlagenen Eier mit den gehackten Dillspitzen darübergießen, leicht stocken lassen und dann über die Küchle geben.

Eigentlich sollten alle Aale, die aus schwäbischen Gewässern gefischt werden, ausschließlich Weibchen sein. Nur sie steigen nämlich auf ihrer Wanderung aus dem mittelatlantischen Sargassomeer in die europäischen Flüsse auf. Die Männchen bleiben im küstennahen Meer. Aber heutzutage werden Bäche und Flüsse „natürlich" auch mit Aalen besetzt – Männlein und Weiblein gemischt –, auf daß man sie später angeln und genießen kann. Und ein Flußaal ist schon etwas Besonderes.
Nicht zu verachten sind auch die Bodensee-Aale, die das gar nicht so selten aufgewühlte „schwäbische Meer" – hier bei Langenargen – mit bevölkern.
Eier und Räucheraal harmonieren sehr gut miteinander. Zusammen mit den Kartoffelküchle ein einfaches Gericht, das zu jeder Jahreszeit schmeckt.

Fleisch- und Wildgerichte

Saure Kutteln

800 g Kutteln (Kaldaunen)
100 g Mehl
60 g Schweineschmalz oder Öl
1 Zwiebel
1 EL Tomatenmark
1 Liter Fleischbrühe oder Wasser
2 Lorbeerblätter
2 Nelken
10 Senfkörner
1 Knoblauchzehe
5 Pfefferkörner
Salz, Zucker
4 EL Rotweinessig
⅛ Liter Lemberger

Tip:
Lassen Sie sich die Kutteln bereits vom Metzger in Streifen schneiden.

Die gewaschenen, in Streifen geschnittenen Kutteln in Salzwasser gar kochen; das Wasser abschütten.
Aus Mehl und Fett oder Öl eine goldbraune Mehlschwitze herstellen. Dann die feingeschnittene Zwiebel und das Tomatenmark zugeben, mit der Brühe oder Wasser auffüllen und mit den Gewürzen etwa 20 Minuten kochen lassen. Mit Essig und Rotwein verfeinern und abschmecken. Die Sauce passieren, die Kutteln zugeben und nochmals kurz aufkochen.
Als Beilage reicht man Brägele. Dazu am Vortag gekochte Kartoffeln in Scheiben schneiden und mit feingeschnittenen Zwiebeln in Griebenschmalz goldbraun braten.
Ob Sie dazu die bereits geöffnete Flasche Lemberger auf den Tisch stellen oder einen Most, vielleicht lieber ein Bier? Wie Sie wollen.

„Der mueß guete Kuttle habe!“ sagt der Schwabe, wenn einer kerngesund ist oder ein gutes Nervenkostüm hat. Doch im eigentlichen Sinne sind mit Kutteln die Eingeweide und kulinarisch der Pansen oder Vormagen des Rindes gemeint, richtig zubereitet, eine schwäbische Leibspeise. „Offiziell“ sagt man Kaldaunen dazu, andernorts auch Fleck, Kuttelfleck, Löser oder Rumen. In einem französischen Feinschmeckerlokal finden Sie wohl auch Tripes à la mode de Caen – ins Schwäbische übersetzt: Kuttle, wie's die in Caen machet.
Versuchen Sie aber selbst einmal die italienische Variante: Dazu brauchen Sie eine helle Mehlschwitze. Das Mehl also nicht angehen lassen, das Tomatenmark aus unserem Rezept entfällt, der Rotwein wird durch Weißwein ersetzt. Die fertigen Kutteln werden mit Käse überbacken. Nicht mit Knoblauch sparen!

Rotweinbraten mit Wurstknöpfle

Für die Marinade:
1 Apfel
1 Zwiebel
1 gelbe Rübe
1 Stange Lauch (Porree)
¼ Sellerieknolle
½ Liter Lemberger
1 EL Balsamico-Essig
⅛ Liter Fleischbrühe
2 Lorbeerblätter
3 Nelken
4 Wacholderbeeren
1 Knoblauchzehe
1 Prise Zucker
Salz, Pfeffer aus der Mühle

1 kg Rinderbug
2 EL Öl
2 TL Tomatenmark
Mehl zum Bestäuben
Salz, Pfeffer aus der Mühle
⅛ Liter Fleischbrühe

Für die Wurstknöpfle:
1 Brötchen
4 EL Milch
40 g gerauchte Schinkenwurst
½ Zwiebel
150 g Mehl
3 Eier
1 EL gehackte Petersilie

Tip:
Die Marinade gibt diesem Schmorbraten nicht nur die richtige Würze, sondern macht ihn auch schön mürb.

Für die Marinade den Apfel vom Kernhaus befreien und in Scheiben schneiden, Zwiebel, gelbe Rübe, Lauch und Sellerie würfeln. Mit den anderen Zutaten die Marinade in einer Deckelschüssel ansetzen und den Rinderbug 2–3 Tage darin einlegen.
Das Fleisch dann abtropfen lassen, mit Küchenkrepp trockentupfen und in einem Bräter mit Öl anbraten. Die Gemüseeinlage der Marinade kurz mitrösten, das Tomatenmark zugeben, zwei- bis dreimal mit Marinade ablöschen und reduzieren. Den Schmorbraten mit Mehl bestäuben, mit der restlichen Marinade auffüllen und die Fleischbrühe zugeben. Den Braten etwa 2 Stunden schmoren lassen. Die Sauce passieren und abschmecken.

Für die Wurstknöpfle Brötchen würfeln und heiße Milch darübergießen. Wurst und Zwiebel in Würfel schneiden, in der Pfanne anschwitzen und dann mit dem eingeweichten Brötchen, Mehl, Eiern und Petersilie zu einem Teig vermengen. Mit einem Löffel Knöpfle formen und in Salzwasser kochen.
Als Beilage zu diesem herzhaften Gericht können Sie Ackersalat reichen, über den Sie ein gehacktes hartgekochtes Ei gestreut haben.

Gefüllte Kalbsbrust nach Grossmutters Art

1,5–2 kg küchenfertige Kalbsbrust
Salz, Pfeffer
4 Scheiben Weißbrot
⅛ Liter süße Sahne
100 g gekochtes Kalbsbries
100 g Kalbsleber
3 Scheiben durchwachsener Speck
2 Zwiebeln
20 g Butter
1 Sträußchen Petersilie
1 Sträußchen Thymian
400 g Kalbsbrät
2 Eier, 1 TL Senf
20 ml Apfelschnaps
200 g Kalbsknochen
1 gelbe Rübe
¼ Sellerieknolle
2 EL Tomatenmark
⅛ Liter Weißwein
½ Liter Fleischbrühe
4 Pfefferkörner
1 Lorbeerblatt
1 Knoblauchzehe

Tips:
Um zu prüfen, ob die Kalbsbrust gar ist, stechen Sie in die Mitte des Bratens mit einer langen Nadel und führen sie dann an die Lippen. Ist sie warm, ist auch die Füllung gar. Die fertig gebratene Kalbsbrust eignet sich auch gut zum Einfrieren. Nach dem Auftauen in Mikrowellengerät oder Backofen aufwärmen, in etwas Butter langsam nachbraten.

Backofen auf 180 °C vorheizen.
Die Kalbsbrust innen und außen salzen und pfeffern. Die Weißbrotscheiben fein würfeln, in Sahne einweichen.
Das Kalbsbries in kleine Röschen zupfen, Kalbsleber in kleine Würfel schneiden. Den feingeschnittenen Speck und eine Zwiebel gewürfelt in Butter angehen lassen. Die Leber, das Bries, die feingehackte Petersilie und den Thymian zugeben, nochmals kurz andämpfen, etwas abkühlen lassen.
Dann daraus zusammen mit Kalbsbrät, eingeweichtem Weißbrot und Eiern eine kompakte Masse arbeiten. Mit Senf und Apfelschnaps verfeinern, mit Salz und Pfeffer abschmecken. Da die Füllung beim Garen aufgeht, die Kalbsbrust nicht zu prall damit füllen, diese zunähen und in einem Schmortopf rundum kurz anbraten.
Die nußgroß zerhackten Kalbsknochen in den Bräter geben, die Kalbsbrust darauflegen.
Im vorgeheizten Backofen etwa 1¾ Stunden braten. Nach 45 Minuten das kleingeschnittene Gemüse einschließlich der zweiten Zwiebel zugeben, etwas Wasser angießen. Während der ganzen Bratzeit das Fleisch regelmäßig übergießen. Dann den Braten aus dem Bräter nehmen und warm stellen.
Zu den Knochen und dem Gemüse Tomatenmark geben, etwas angehen lassen, mit Weißwein ablöschen und mit der Brühe auffüllen. Pfefferkörner, Lorbeerblatt und Knoblauchzehe zugeben, eventuell etwas nachsalzen. Die Sauce reduzieren und durch ein feines Sieb passieren.
Zum Servieren die Kalbsbrust in dicke Scheiben schneiden und mit etwas Sauce überziehen, den Rest gesondert reichen. Und als Beilage typisch schwäbisch: Spätzle und Kartoffelsalat, dazu Endiviensalat.

Von den vielen Möglichkeiten, eine Kalbsbrust schmackhaft zu füllen, hatte sich Großmutter für eine Mischung aus Kalbsbrät, Kalbsleber und Bries entschieden, und dabei blieb nicht nur sie, sondern auch die Tochter und die beiden Schwiegertöchter – wegen des Beifalls in der ganzen Familie.

Fonds für Suppen und Saucen

BRAUNER KALBSFOND
(für etwa 2 Liter)
1 kg feingehackte Knochen von Kalbsrücken oder Kalbshaxe
500 g Sehnen und sonstige Parüren (Fleischabfälle) vom Rind
50 g roher Schinken
1 gelbe Rübe
3 Champignonstücke
1 Zwiebel
¼ Sellerieknolle
2 Knoblauchzehen
¼ Liter trockener Weißwein
2 Liter Wasser oder Gemüsefond (aber nicht von Kohl)
1 EL Tomatenmark
2 Tomaten
1 kleines Bund Kerbel

HELLER FISCHFOND
500 g Karkassen (Gräten mit Kopf) von Barbe, Merlan, Steinbutt oder Seezunge
2 Schalotten
3 Champignons
1 kleines Bouquet garni mit vielen Petersilienstengeln, Estragon, Thymian, Kerbel
50 g Butter
2 EL Erdnußöl
¼ Liter trockener Weißwein
1 Liter Wasser
Cayennepfeffer

BRAUNER KALBSFOND (Mitte)
Die Kalbsknochen etwa 15 Minuten ohne Fett sehr heiß im Topf schwenken. Sehnen, Parüren und Schinkenwürfel sowie die feingewürfelten Gemüse (Mirepoix) zugeben und bei mäßiger Hitze schwenken. Das Mirepoix sollte keine Farbe bekommen. Mit Weißwein ablöschen und stark einkochen lassen. Mit Gemüsefond oder Wasser auffüllen. Das Tomatenmark, die entkernten Tomaten und die Kräuter zugeben. Den Fond etwa 4 Stunden langsam köcheln lassen und auf die Hälfte reduzieren. Dabei ständig abschäumen und entfetten. Zum Schluß durch ein Sieb passieren.

HELLER KALBSFOND (unten)
Er ist die Basis für weiße Saucen, die zu Kalbfleisch gereicht werden. Hergestellt wird er wie der braune Fond. Die Knochen werden jedoch nicht geröstet, sondern blanchiert, also kurz in kochendem Wasser aufgebrüht. Das Tomatenmark entfällt. Dafür wird die doppelte Menge frischer Tomaten verwendet.

WILDFOND (o. Abb.)
Die Herstellung unterscheidet sich kaum von der des braunen Kalbsfonds. Statt der Zutaten von Kalb und Rind werden Wildknochen und -parüren verwendet. Gewürzt wird mit Wacholderbeeren und Salbei.

HELLER FISCHFOND (oben)
Die Fischkarkassen gut abspülen und mit dem zerkleinerten Gemüse und dem Bouquet garni in Butter und Erdnußöl angehen lassen, ohne daß sie Farbe erhalten. Mit Weißwein ablöschen und fast einkochen lassen. Mit Wasser auffüllen und leicht mit Cayennepfeffer würzen. Etwa 20 Minuten langsam köcheln lassen und dabei ständig abschäumen. Bei längerem Kochen würde der Fond leimig werden. Zum Schluß durch ein Sieb passieren.

So liebt es der Schwabe: Vorher e Supp ond zum Brôte viel Soß! Aber was ist bei Kurzgebratenem zu machen, das keine eigene Sauce hergibt? Das Zauberwort heißt Fond. Aber bitte schön nicht mit Mehl binden! Reduzieren ist die richtige Methode. Kurz vor dem Servieren kann man zum Legieren etwas Butter oder Sahne unterziehen, bei manchen Saucen oder Suppen auch püriertes Gemüse.

Eingemachtes Kalbfleisch

1 kg Kalbsbug (Schulter)
100 g feingewürfelte Zwiebel, 80 g Butter, Salz
40 g Mehl
200 ml trockener Weißwein
1 Liter Fleischbrühe oder heller Kalbsfond (Rezept siehe S. 100)
1 Lorbeerblatt, 2 Nelken
3 Wacholderbeeren
Zucker, Pfeffer aus der Mühle, Saft von ½ Zitrone
1 Eigelb
125 ml süße Sahne

Tips:
Beim Andünsten sollten Sie darauf achten, daß Fleisch und Mehl keine Farbe bekommen.
Beim Legieren und danach darf die Sauce nicht mehr kochen, da sie sonst ausflockt.

Den Kalbsbug grob von Haut, Sehnen und Fett befreien, dann in Stücke von 30–40 Gramm schneiden. Die Zwiebelwürfel in Butter kurz angehen lassen, die Fleischwürfel zugeben, salzen und andünsten. Mehl einstäuben, gut durchrühren, mit Weißwein ablöschen und mit Brühe oder Kalbsfond auffüllen. Würzen und mit Zitronensaft abschmecken. Aufkochen lassen und dann unter leichtem Köcheln das Fleisch in etwa 50 Minuten garen. Die Fleischwürfel herausnehmen, die Sauce kurz aufkochen, mit Eigelb und Sahne legieren und passieren. Das Fleisch wieder zugeben. Dazu können Sie in Butter geschwenkte breite Nudeln reichen und einen frischen Blattsalat. Rezepte für selbstgemachte Nudeln finden Sie auf Seite 140.

Dieses Gericht ist eine ausgesprochen leichte Kost für heiße Sommertage. Dementsprechend leicht sollte auch das Getränk dazu sein – vielleicht ein Weißweinschorle.

Oberschwäbisches Kalbsragout

800 g Kalbsbug (Schulter)
Salz, Pfeffer aus der Mühle
3 EL Öl
2 Zwiebeln
1 EL Tomatenmark
⅛ Liter Riesling
2 EL Mehl
1 Liter heller Kalbsfond (siehe Rezept S. 100) oder Wasser
Gewürzsäckchen mit
1 Lorbeerblatt,
1 Thymianzweig,
8 Pfefferkörnern und
1 Knoblauchzehe
8 Fingerkarotten mit Grünansatz
8 Petersilienwurzeln
4 Frühlingszwiebeln
1 EL Butter
1 EL geschlagene Sahne

Das Fleisch von den Sehnen befreien, in 3 cm große Würfel schneiden, salzen, pfeffern und in einer Kasserolle in Öl braun braten. Die feingewürfelten Zwiebeln und das Tomatenmark zugeben. Mit Riesling ablöschen, reduzieren, mit Mehl bestäuben und nochmals kurz angehen lassen.
Mit Kalbsfond oder Wasser auffüllen, das Gewürzsäckchen zugeben und 1½–2 Stunden köcheln lassen.
Die geschälten Karotten mit Grün und die Petersilienwurzeln kurz in Salzwasser kochen (bißfest!), in Eiswasser abschrecken.
Die Frühlingszwiebeln waschen, einen Teil des Grüns entfernen, der Länge nach halbieren. Karotten, Petersilienwurzeln und Frühlingszwiebeln in Butter angehen lassen, mit Salz und Pfeffer würzen und warm stellen.
Kurz vor Ende der Garzeit des Ragouts das Gewürzsäckchen entfernen, mit Salz und Pfeffer abschmecken und mit Sahne verfeinern.
Servieren Sie zum feinen Kalbsragout etwas Besonderes, zum Beispiel Kräuterknöpfle (Rezept siehe S. 74) und frische Gemüse.

Ragout. Ein zusammengesetztes oder Misch-Gericht von Fleisch, Wild, Geflügel oder Fisch ec. in einer stark gewürzten Sauce, nebst allerlei pikanten Zutaten von Champignons, Trüffeln, Farceklößchen, feinen Gemüsen, Krebsschwänzen u. dergl. Häufig versteht man unter Ragout eine sehr kräftige, feine, dickliche Sauce mit Kalbsmilch, Farceklößchen, Karpfenmilch, Gehirn, Hahnenkämmen, Trüffeln, Morcheln, Champignons ec., die man zur Garnierung von größeren gedämpften Fleischstükken, Geflügel, ganzen Fischen und ähnlichen Gerichten verwendet... und so weiter, und so fort noch 31 Zeilen. Und nach der Hauptdefinition folgen in unserem hundert Jahre alten Nachschlagewerk 44 (in Worten: vierundvierzig) Ragoutrezepte, und keines ist aus Oberschwaben – aber unseres!

Kalbsbriesragout mit Spargel und Flädle

400 g Kalbsbries
1 Zwiebel, mit Lorbeerblatt und Nelke gespickt

2 kg Spargel
je 1 TL Salz und Zucker
1 Spritzer Zitronensaft

3 Schalotten, 100 g Butter
2 Fingerkarotten
1 kleiner Kohlrabi
Salz, Pfeffer aus der Mühle
¼ Liter heller Kalbsfond (Rezept siehe S. 100) oder Fleischbrühe (siehe Rezept „Flädlessupp" S. 80)

Für die Flädle:
Zutaten siehe Rezept „Flädlessupp" S. 80

1 EL Crème fraîche
4 Morcheln, evtl. getrocknete
30 g Mehl
2 EL trockener Riesling
1 Bund wilder Schnittlauch

Tips:
Die Beigabe von Salz, Zucker und Zitronensaft zum Kochwasser von Spargel empfiehlt sich immer – nur nicht bei grünem Spargel, der dadurch unansehnlich grau würde.
Den Spargelsud nicht weggießen! Für ein Spargelcremesüpple am nächsten Tag ist er immer gut.

Das Kalbsbries 6 Stunden kalt wässern, dann in Salzwasser mit der gespickten Zwiebel aufkochen und 10 Minuten ziehen lassen, so daß es in der Mitte noch rosa ist.
Das Bries von allen Häutchen und harten Stellen befreien und in kleine Röschen zerpflücken.
Spargel waschen, von Strünken befreien und schälen, mit weißem Zwirn zu handlichen Bündeln schnüren und bis zum Kochen in ein feuchtes Tuch einschlagen.
Strünke und Schalen in reichlich Wasser mit Salz, Zucker und Zitronensaft 10 Minuten kochen und stehen lassen.
Die Schalotten in einem flachen Topf mit etwas Butter glasig werden lassen. Das Bries, die Fingerkarotten und das Kohlräble zugeben, mit Salz und Pfeffer würzen und mit der Hälfte des Kalbsfonds ablöschen. Das Ragout zugedeckt auf kleiner Hitze einige Minuten weich dünsten.
Während der Garzeit des Ragouts die gebündelten Spargel in dem Schalensud aufkochen und 20 Minuten gar ziehen lassen.
Den Flädlesteig anrühren und dünne Flädle ausbacken, bis zum Servieren warm stellen.
Ist das Ragout gar, bei abgenommenem Deckel den Fond zweimal reduzieren, Crème fraîche und Morcheln zugeben und mit dem restlichen Kalbsfond auffüllen.
Schließlich die Sauce mit der restlichen Butter und dem Mehl binden, abschmecken, mit dem Riesling verfeinern. Den feingeschnittenen Schnittlauch der Sauce beigeben.

Auf den ersten Blick scheint die Zubereitung dieses festlichen Gerichts etwas kompliziert zu sein. Aber wenn Sie die Zutatenliste zur Richtschnur Ihrer Handlungen machen, klappt's wie am Schnürle.
Frischen Spargel können Sie übrigens bis zu 3 Monate einfrieren. Sie sollten ihn vorher schälen und in Frischhaltefolie einwickeln. Zur Zubereitung die Stangen noch gefroren ins kochende Wasser legen.

KALBSBRIES MIT MORCHELSAUCE

500 g Kalbsbries
1 Zwiebel, mit Lorbeerblatt und 2 Nelken gespickt
Salz, weißer Pfeffer aus der Mühle
1 EL Olivenöl
40 g gesalzene Butter
1 EL Mehl

Für die Morchelsauce:
200 g frische Morcheln
2 Schalotten
20 g Butter
100 ml Weißwein
300 ml Kalbsfond (Rezept siehe S. 100)
200 g doppelte Crème fraîche
Salz, Pfeffer aus der Mühle
Zitronensaft

Tips:
Speisemorcheln gibt es frisch im Frühjahr. Die Erde klebt leicht an ihnen. Deshalb gründlich lauwarm waschen.
In einem guten Morcheljahr lohnt es sich, sie zu trocknen. Dazu die von der Erde befreiten Pilze in dünne Scheiben schneiden. Entweder auf einen Faden aufreihen und mehrere Tage in der Sonne trocknen oder 24 Stunden bei 50 °C im spaltbreit geöffneten Backofen; bei Halbzeit umdrehen, damit sie nicht ankleben.

Das Bries mit der Spickzwiebel in leicht gesalzenem Wasser zum Kochen bringen und dann bei kleiner Hitze 30 Minuten ziehen lassen, danach häuten und in Scheiben schneiden. Mit Pfeffer würzen. In einer Pfanne Öl und gesalzene Butter aufschäumen lassen. Bries in Mehl kurz wenden und etwa 5 Minuten auf beiden Seiten braten. Eventuell noch etwas nachsalzen.
Für die Sauce Morcheln putzen, mehrmals waschen, gut abtropfen lassen. Schalotten in feine Würfel schneiden und mit den Morcheln in etwas Butter leicht angehen lassen. Weißwein und Kalbsfond zugeben, 5 Minuten köcheln lassen. Die Morcheln herausnehmen. Den Fond auf weniger als die Hälfte reduzieren, die Crème fraîche zugeben und nochmals etwas reduzieren. Die Sauce durch ein Sieb passieren und neben dem Herd die Butter nach und nach einrühren. Die Morcheln wieder zugeben, Sauce nochmals aufkochen, mit Salz und Pfeffer würzen und mit Zitronensaft abschmecken.
Als Beilage können Sie hausgemachte Nudeln reichen (Rezept siehe S. 140) und zum Trinken etwas leichtes Feines auf den Tisch stellen.

In einem sind sich Feinschmeckerzungen einig: Das Kalbsbries ist etwas besonders Gutes. Diese Thymusdrüse ist beim Kalb stark entwickelt, beim erwachsenen Rind hat sie sich zurückgebildet.

11 % vol.

Kalbsleber mit Lembergersauce

8 Scheiben Kalbsleber
à 150 g
Gewürzmischung aus Salz,
1 Prise Curry und Paprika
Pfeffer aus der Mühle,
Thymian, Estragon
80 g Butter
4 EL Lemberger (Rotwein)
⅛ Liter brauner Kalbsfond
(Rezept siehe S. 100)

4 kleine Birnen
Butter, Zucker
Koriander
⅛ Liter Weißwein

Tip:
Die Gewürzmischung aus Salz, einer Prise Curry und Paprika ist für alle Innereien zu empfehlen und kann in dieser Zusammensetzung, vor Licht geschützt, aufgehoben werden.

Die Haut der Leber abziehen und grobe Adern entfernen. Waschen und mit Küchenpapier sorgfältig trockentupfen. Vorsichtig würzen und in der aufschäumenden Butter goldbraun braten, dabei immer wieder mit der Butter übergießen. Anschließend zugedeckt bei geringer Hitze rosa durchziehen lassen. Den Bratensaft mit Rotwein ablöschen, etwas reduzieren, Kalbsfond zugeben und nochmals reduzieren.
Die Birnen in feine Scheiben schneiden.
Butter mit etwas Zucker in der Pfanne hellbraun werden lassen, die Birnen zugeben und mit Koriander würzen. Mit Weißwein ablöschen und etwas einköcheln lassen.

Die Leber auf heißen Tellern anrichten, mit Sauce überglänzen und mit dem Birnenkompott überziehen.
Dazu paßt nichts besser als handgemachte Spätzle und natürlich ein Viertele Lemberger.

Schwäbische Weinzähne mögen weggucken, wenn wir für die übrigen Leser hier erklären, daß Lemberger ein vollmundiger, kräftiger Rotwein ist, artverwandt mit dem Spätburgunder. Liebe Kinder haben viele Namen, und so heißt „unser" Lemberger andernorts auch (Blauer) Limberger, Blau- oder Schwarzfränkisch, Moravka oder Kékfrankos.

Esslinger Zwiebelbrätle

1,2 kg Schweinehals
Salz, Pfeffer aus der Mühle
2 Knoblauchzehen
4 EL Öl
500 g Knochen vom Hals
Röstgemüse (80 g gelbe Rüben, 80 g Sellerie, 1 Zwiebel, 1 Stange Lauch)
2 Lorbeerblätter
8 Pfefferkörner
1 EL Tomatenmark
3 Zwiebeln
4 Eier

Tip:
Achten Sie beim Einkauf darauf, daß das Fleisch eine leicht marmorierte Struktur aufweist. Es ist dann saftiger.

Den Schweinehals mit Salz, Pfeffer, Knoblauch und Öl einreiben, dann in Folie wickeln und 6 Stunden durchziehen lassen.
Backofen auf 200 °C (Umluftherd 180 °C) vorheizen.
Die kleingehackten Knochen im Bräter kurz in Öl anbraten, das Fleisch darauflegen und im Backofen etwa 1½ Stunden braten.
Nach circa 30 Minuten die Temperatur etwas zurücknehmen.
Öfters mit dem austretenden Fleischsaft begießen. Nach weiteren 40–45 Minuten das gewürfelte Röstgemüse, die Lorbeerblätter und die zerdrückten Pfefferkörner zugeben, noch etwas Farbe nehmen lassen, dann mit Wasser ablöschen. Während der restlichen Garzeit immer wieder Wasser nachgießen.
Den Braten herausnehmen und warm stellen. Den Bräter auf die heiße Herdplatte stellen, Tomatenmark zugeben, etwas Wasser zugießen. Sauce auf die gewünschte Menge reduzieren, dann durch ein Sieb passieren und nochmals abschmecken.
Die in feine Streifen geschnittenen Zwiebeln in einer Pfanne goldbraun anbraten. In einer zweiten Pfanne Spiegeleier braten.
Den Schweinehals in Scheiben aufschneiden und mit den gerösteten Zwiebeln und Spiegeleiern garnieren.
Dazu gibt es Spindele (Rezept siehe S. 138) und einen Most aus dem Steingutkrug.

Die Esslinger laufen im Lande – gern oder ungern – mit dem Zunamen „Zwiebeln" oder werden auch kurz „Zwieblinger" geheißen. Das scheint auf die Zeit zurückzugehen, als sich die Bürgerschaft der freien Reichsstadt jahrhundertelang mit den Grafen und späteren Herzögen von Württemberg herumschlug und deren Bürger und Bauern zwiebelte – manche Träne wird's gekostet haben.
Listiges weiß dagegen die Stadtsage zu berichten: Als der Teufel einst von einem Esslinger Marktweible einen Apfel verlangte, erkannte es ihn trotz seiner feinen Kleider an seinem Pferdefuß – und reichte ihm statt des Gewünschten eine saftige Zwiebel. Blindlings biß er hinein, schrie wutentbrannt auf und hängte den stolzen Reichsstädtern ihren Necknamen an.
Im übrigen war einst der Esslinger Wein hochgeschätzt im Land und drüber hinaus bis Salzburg und Wien.

Jungschweinlendle im Pilzkräutermantel

500 g Schweinelendchen
Salz, Pfeffer aus der Mühle
2 EL Öl
600 g Blattspinat
50 g Champignons
50 g Pfifferlinge
15 g Speck
1 kleine Zwiebel
20 g Petersilie
20 g Schnittlauch
250 g Kalbsbrät
20 g Crème fraîche, 1 Ei
1 Knoblauchzehe
1–2 Schweinenetze

Tips:
Das benötigte Schweinenetz (Größe ca. 20 x 30 cm) bekommen Sie beim Metzger auf Vorbestellung.
Die Schweinelendchen sollten Sie pariert verwenden, also Spitzen und Enden entfernen.

Die Lendchen mit Salz und Pfeffer würzen und in Öl rundum anbraten; dann etwas abkühlen lassen.
Den Spinat putzen, waschen, blanchieren und die einzelnen Blätter auf Küchenkrepp zum Trocknen auslegen. Backofen auf 180 °C vorheizen. Die Pilze waschen, putzen und fein hacken. Mit dem feingeschnittenen Speck, der feingewürfelten Zwiebel und den gehackten Kräutern kurz angehen lassen. Mit dem Brät, der Crème fraîche und dem Ei gut vermengen, mit Salz, Pfeffer und feingeschnittenem Knoblauch abschmecken.
Je Lendchen ein Schweinenetz ausbreiten, die Spinatblätter auflegen und darauf die Pilz-Kräuter-Farce etwa 1 Zentimeter dick auftragen. Die Lendchen auflegen und sauber in das Netz einschlagen.
In einer Kasserolle mit wenig Öl im vorgeheizten Backofen 25–30 Minuten garen.
Als Beilage empfehlen sich Rahmbubespitzle (Rezept siehe Seite 138) und zum Trinken ein trockener Riesling.

Statt schwäbisch zu schwätze – „Lendle“ – können Sie auch französisch parlieren: „filet“, und das ist ja das Feinste, was jedes Tierle zu bieten hat. Dazu noch in einem Mantel aus Pilzen und Kräutern – ein Gedicht! Aber schwierig ist's nicht.

Spanferkelkoteletts mit Zwiebelmus

8 Spanferkelkoteletts
Salz, Pfeffer aus der Mühle
2 EL Öl

Für das Zwiebelmus:
2 rote Zwiebeln
¼ Liter Lemberger (Rotwein)
2 EL Balsamico-Essig
Salz, Pfeffer aus der Mühle
2 EL herber Waldhonig
20 g Butter

Für den Wirsing:
1 Wirsingkopf
Salz
30 g Butter
4 Schalotten
2 EL Mehl
⅛ Liter Fleischbrühe
Muskat, Pfeffer, Salz
4 EL süße Sahne

Tips:
Wenn Sie beim Braten von Fleisch einen Thymianzweig in die Pfanne legen, nimmt es dessen Aroma auf.
Das Wasser zum Abschrecken des Wirsings sollte sehr kalt sein.
In der warmen Jahreszeit empfiehlt es sich, einige Eiswürfel zuzugeben.

Die Koteletts etwa 3 Stunden vor dem Braten mit Pfeffer und Salz würzen, mit Öl beträufeln und im Kühlschrank kalt stellen.
Die Zwiebeln fein würfeln und in einem flachen Topf leicht angehen lassen. Mit dem Wein und dem Essig aufgießen und so lange einkochen, bis eine musartige Konsistenz erreicht ist. Mit Salz und Pfeffer abschmecken, Waldhonig und die kalte Butter unterrühren und noch warm mit den inzwischen gebratenen Koteletts servieren.
Den Wirsing von welken und schadhaften Blättern und dem Strunk befreien, in Würfel schneiden und waschen. Dann im sprudelnden Salzwasser kurz weich kochen, in eiskaltem Wasser abschrecken und auf einem Sieb abtropfen lassen. Durch die grobe Scheibe des Fleischwolfs drehen. In einem flachen Topf Butter zergehen lassen, die Schalottenwürfel darin dünsten, mit Mehl bestäuben und mit Fleischbrühe aufgießen. Gut durchrühren, dann den Wirsing zugeben. Mit Muskat, Pfeffer und Salz würzen, die Sahne zufügen, unter ständigem Rühren kurz aufkochen.

Auf einer Menükarte der besseren Gastronomie finden Sie wohl auch die Beilage als „Zwiebelmarmelade" verzeichnet. Aber erstens ist für die in Brüssel bei der EG Marmelade sowieso ein süßer Brotaufstrich aus Zitrusfrüchten, also eine „Konfitüre" mit Orangen, Zitronen oder Grapefruits. Zweitens halten wir Schwaben von derlei Fremdwörtern überhaupt nichts, sondern nur von Mutter ihrem Gsälz. Drittens tät „Gsälz" grad hier passen, denn endlich ist mal „Salz" drin. Aber viertens ist Gsälz immer süß, und es bleibt süß! Alles andere ist Krampf. – Ach wie gut schmeckt doch das Zwiebelmus – allen!

Schweinemedaillons unter der Pilzkruste

2 Schalotten
200 g frische Champignons
100 g frische Steinpilze
40 g Butter
Salz, Pfeffer aus der Mühle
50 g Weißbrot ohne Rinde
2 Eiweiß
½ Bund Petersilie

Für den Kartoffelauflauf:
½ Knoblauchzehe
2 TL Butter
400 g Kartoffeln
Muskat, Salz, Pfeffer
Majoran
100 ml süße Sahne

12 kleine Schweinemedaillons
Öl zum Braten
2 TL Butter
frischer Thymian

Tip:
Eiweiß hält die Pilz- und Bröselmasse zusammen! Der Mantel der Fleischtranchen bleibt kompakt und ist dennoch locker. Das gilt auch für andere Gerichte wie zum Beispiel Lamm in der Kräuterkruste.

Backofen auf 180 °C vorheizen.
Die in feine Würfel geschnittenen Schalotten und die feingehackten Pilze mit Butter in der Pfanne angehen lassen, mit Salz und Pfeffer würzen. Die Masse etwas abkühlen lassen, mit dem zerkrümelten Weißbrot und dem Eiweiß vermengen und mit der gehackten Petersilie verfeinern.
Eine feuerfeste Form mit dem Knoblauch ausreiben und ausbuttern. Die geschälten und in dünne Scheiben geschnittenen Kartoffeln schichtweise einsetzen. Die mit Muskat, Salz, Pfeffer und Majoran abgeschmeckte Sahne angießen. Im vorgeheizten Backofen etwa 20 Minuten backen.
Inzwischen die Medaillons mit Öl in einer Pfanne kurz braten, so daß sie innen noch rosa sind, dann auf den fertigen Auflauf legen, mit der Pilzkruste überdekken, Butterflocken daraufstreuen und das Ganze nochmals kurz überbacken. Mit Thymian garnieren.
Zu diesem würzig-feinen Gericht reichen Sie ein leichtes Sommergemüse: gedämpfte Erbsen und gelbe Rüben oder grüne Bohnen, in etwas Butter geschwenkt. Und in den Gläsern funkelt ein leichter Müller-Thurgau.

Heutzutage darf es sonntags ja mal etwas anderes sein als der traditionelle Schweinebraten mit Spätzle und „gem. Salat". Oma löschte den Braten immer kurz vor dem Kirchgang – schon im Sonntagsstaat – ab und trug das Brategschmäckle winters mit ihrem Pelzkrägele bis in die Kirchenbank.
Sie, ob Hausfrau oder Hausmann, werden heute auch nicht mehr die schönste Tageszeit, und das am Sonntag, in der Küche stehen wollen. Selbst die Familie kommt lieber gegen Abend um den Eßtisch zusammen, um sich verwöhnen zu lassen – und nachher kann das Wochenende gemütlich ausklingen.

Lammkoteletts mit gefüllten Tomaten

8 Lammkoteletts
1 Knoblauchzehe
1 Sträußchen Thymian
Pfeffer aus der Mühle
1/8 Liter Oliven- oder Haselnußöl
Salz
20 g Butter

Für die Knoblauchbutter:
120 g Butter
Salz, Pfeffer aus der Mühle
2 Knoblauchzehen
1 EL gehackte Petersilie
1 EL gehackter Schnittlauch
1 Spritzer Zitronensaft
1 Spritzer Worcestersauce

Für die gefüllten Tomaten:
300 g Petersilienwurzeln
30 g Butter
4 Tomaten
30 g Crème fraîche
Salz, Pfeffer aus der Mühle
Muskat

Tip:
Knoblauchbutter eignet sich gut zum Einfrieren. Dazu fest in Alufolie einwickeln.

Die Lammkoteletts bis auf einen dünnen Rand vom Fett befreien, sauber parieren, mit Knoblauch, Thymian und Pfeffer einreiben. Nebeneinander in eine flache Form legen, mit Öl übergießen und 24 Stunden im Kühlschrank ruhen lassen. Kurz vor dem Braten abtropfen lassen, salzen und in einer Mischung aus Öl und Butter auf beiden Seiten mäßig scharf anbraten. In Alufolie packen und warm stellen. Beim Anrichten Scheiben der Knoblauchbutter auf das Fleisch legen.
So gelingt die Knoblauchbutter: Butter mit Salz und Pfeffer schaumig rühren. Knoblauch schälen und durch eine Presse drücken. Petersilie und Schnittlauch unter die schaumige Butter rühren. Mit Zitronensaft und Worcestersauce abschmecken. In einer Folie zu einer Stange formen und im Kühlschrank erstarren lassen.
Für die gefüllten Tomaten die Petersilienwurzeln waschen, schälen und in einem flachen Topf in etwas Butter weich dünsten. Die Tomaten kurz mit kochendem Wasser überbrühen und häuten, mit einem Löffel aushöhlen. Die weichgedünsteten Petersilienwurzeln pürieren und durch ein Sieb streichen. Mit Butter und Crème fraîche im Mixer durchmixen. Mit Salz, Pfeffer und Muskat abschmecken. Masse in die ausgehöhlten Tomaten füllen und bis zum Servieren warm stellen.

Früher, als wir noch einen Kaiser hatten, zogen die Schäfer mit ihren großen Herden bei Wind und Wetter über die Rauhe Alb, damit sie ihren Tierle zweimal im Jahr das Wollvlies über die Ohren ziehen und vom Erlös ihr kärgliches Leben fristen konnten. Über Hammelfleisch rümpften die meisten Leute verächtlich die Nase.
Heute ziehen die Schäfer – ohne Kaiser und längst nicht mehr so viele – auch über die Alb und auch bei Wind und Wetter, aber die Wolle bringt nur noch so wenig, daß es um sie nicht lohnen würde. Doch der Duft der zarten Lammkotelettle steigt den Feinschmeckern verführerisch in die Nase. Reich werden die Schäfer trotzdem nicht!

Lammhäxle in Essigsauce

4 Lammhaxen
2 Knoblauchzehen
Salz, Pfeffer aus der Mühle
2 EL Öl
¼ Liter Lemberger
⅛ Liter Rotweinessig
1 Stange Lauch (Porree)
1 Sellerieknolle
1 gelbe Rübe
2 Zwiebeln
4 Tomaten
1 Rosmarin- und
1 Thymianzweig
2 Lorbeerblätter
5 Pfefferkörner
20 g Butter

Backofen auf 220 °C (Umluftherd 180–200 °C) vorheizen.
Die Haxen von Häuten und Sehnen befreien, mit Knoblauch einreiben, salzen und pfeffern. In Öl rundum anbraten, mit Lemberger und Rotweinessig ablöschen.
Lauch, Sellerie, gelbe Rübe und eine halbe Zwiebel fein würfeln, Tomatenstücke, Rosmarin, Thymian, Lorbeerblatt und Pfefferkörner zugeben und im vorgeheizten Backofen 1½–2 Stunden schmoren. Ab und zu mit Rotweinessig und Wasser ablöschen. Dann die Haxen herausnehmen und warm stellen. Die Sauce mit Wasser und Rotwein auffüllen und noch etwas köcheln lassen. Durch ein Sieb passieren. Die restlichen Zwiebeln fein schneiden, in einer Pfanne in Butter angehen lassen und dann der Sauce zugeben. Mit Salz, Pfeffer und eventuell noch einem Schuß Wein abschmecken.
Als Beilage passen Spindele (Rezept siehe S. 138) und dazu ein Trollinger, nicht zu warm!

Nicht ohne Grund wird zartes Lammfleisch auch in der schwäbischen Küche geschätzt, kann es sich doch in seiner Qualität ohne weiteres mit Kalbfleisch messen. Lämmer (Altersgrenze ein Jahr) sind schon ab einem Monat schlachtreif; das Fleisch der zwei bis drei Monate alten Lämmer ist besonders wohlschmeckend. Rücken und Keulen sind die besten Stücke.

Kaninchenrücken mit Trauben und Mostsauce

4 Kaninchenrücken
à 200 g

Für die Sauce:
1 Zwiebel
40 g Lauch (Porree) ohne Grün
1 Apfel
1 EL Olivenöl
50 ml Most
70 ml Weißwein
400 ml Fleischbrühe oder heller Kalbsfond (Rezept siehe S. 100)
¼ Knoblauchzehe
1 Thymianzweig
1 Nelke
5 Wacholderbeeren
200 ml süße Sahne
1 TL Speisestärke
Salz, Zucker

Für die Füllung:
80 g Weintrauben
60 g Weißbrot ohne Rinde
80 g Crème fraîche
1 Eigelb
1 kleines Bund Kerbel
Salz, Pfeffer aus der Mühle
Muskat
4 Blatt Alufolie
(ca. DIN A4)
20 g Butter

Backofen auf 170 °C vorheizen. Die Kaninchenrücken von unten her auslösen, ohne dabei die Oberhaut zu verletzen. Die Filets lassen sich so besser einrollen. Bauchlappen dran lassen!
Für die Sauce die Kaninchenknochen in walnußgroße Stücke hakken. Zwiebel, Lauch und eine Apfelhälfte in Würfel schneiden und mit den Knochen in Olivenöl angehen lassen, ohne daß sie Farbe annehmen. Mit dem Most und Dreiviertel des Weißweins ablöschen, mit Brühe oder Fond auffüllen. Den zerdrückten Knoblauch, Thymian, Nelke und Wacholderbeeren zugeben und etwa 1 Stunde köcheln lassen.
Etwa 30 Minuten vor Ende der Kochzeit mit der Fülle beginnen. Dazu die Trauben abziehen, entkernen und in feine Würfel schneiden. Mit dem gewürfelten Weißbrot und mit den übrigen Zutaten vermengen und abschmecken. Die Alufolien mit Butter einstreichen; darauf die ausgelösten Rücken mit der Haut nach unten legen. Die Fülle zwischen die Filethälften streichen. Die Bauchlappen über der Füllung zu einer geschlossenen Rolle einschlagen, diese in die Folien einwickeln, die an beiden Enden wie Bonbons zusammengedreht werden. Im Backofen 15 Minuten garen, herausnehmen und 3 Minuten nachziehen lassen.
Während der Garzeit die Sauce durch ein Sieb passieren, die Sahne zugeben und aufkochen. Speisestärke mit dem restlichen Weißwein anrühren und die Sauce damit binden. Mit Salz und Zucker abschmecken, die feingeschnittene zweite Apfelhälfte zugeben und nochmals kurz aufkochen.
Die Kaninchenrücken auf einer Platte anrichten und mit etwas Sauce überziehen, die restliche Sauce gesondert reichen. Dazu gibt es ein feines Gemüse wie grüne Böhnchen und Spätzle oder auch Salzkartoffeln, und im Kühlschrank könnte schon ein rassiger Kerner bereitliegen.

Allzulang ist es noch gar nicht her, da lagen in fast jedem schwäbischen Häusle ein oder zwei Fäßle Most im Keller, und Papa zapfte abends daraus das eine oder andere Steingutkrügle voll. Inzwischen haben die meisten Mostfässer Trockenrisse und dienen bestenfalls in zwei Hälften geschnitten als Blumenbottiche. Allerdings wissen heute wieder viele Kenner, wo man – auch ohne Bartel zu heißen – den Most holt.

Rehrücken mit Selleriemus

1 Rehrücken (ca. 2,2 kg)
Gewürzmischung aus Salz, Majoran, Thymian, Rosmarin, schwarzem Pfeffer und Koriander (siehe Tip unten)
3 EL Öl
¼ Liter Lemberger
½ Liter Wildfond (Rezept siehe S. 100)
2 EL Portwein
1 TL Zitronensaft
Salz, Pfeffer aus der Mühle
1 EL Preiselbeeren
20 g Butter

Für das Selleriemus:
250 g Sellerie
150 ml Gemüsebrühe oder Wasser
3 EL Crème Double
Salz, Muskat, Pfeffer aus der Mühle
2 EL süße Sahne

Tip:
Die hier verwendete Gewürzmischung ist auch für andere Bratengerichte zu gebrauchen. Sie läßt sich in einem Glas vor Licht geschützt einige Zeit aufheben. Dazu je 10 g Majoran, Thymian und Rosmarin sowie je 5 g schwarzen Pfeffer und Koriander im Mörser zerstoßen und mit 100 g Salz mischen.

Backofen auf 200 °C vorheizen. Vom Rehrücken die beiden Rippenfleischstränge mit den Lendchen auslösen und von allen Häuten und Sehnen befreien. Das Fleisch mit der Gewürzmischung einreiben. Öl in einem Bräter erhitzen und die Fleischstränge darin auf allen Seiten Farbe nehmen lassen. Dann im vorgeheizten Backofen 8 Minuten braten. Herausnehmen, in Alufolie wikkeln und noch einige Minuten durchziehen lassen. Das Fleisch soll innen noch rosa sein. Dann zugedeckt warm stellen.
Den Bratensaft entfetten, mit Rotwein ablöschen, mit Wildfond auffüllen und etwas einkochen lassen. Mit Portwein, Zitronensaft, Salz, Pfeffer und Preiselbeeren abschmecken. Die Sauce durch ein feines Sieb passieren und mit dem Mixstab einige Butterflocken einrühren.
Die Sellerie schälen, in kleine Würfel schneiden und in der Brühe oder Wasser dünsten, bis sie weich ist. Die Flüssigkeit abschütten, das Gemüse ausdampfen lassen, dann die Crème Double zugeben und im Mixer fein pürieren. Nochmals in einen Topf geben, die Flüssigkeit etwas verdampfen lassen, würzen, zuletzt die geschlagene Sahne unterheben.
Die Rückenstücke beim Anrichten schräg schneiden und auf der Platte mit etwas Sauce überziehen. Als weitere Beilage gibt es in Rotwein gedünstete Birnen und handgemachte Spätzle.
Der Wein dazu dürfte schon etwas kräftiger sein, vielleicht ein Spätburgunder oder ein Samtrot. „Gut temperiert" heißt dafür etwa 16 °C, also nicht etwa zimmerwarm!

Das Stichwort „Reh-Rücken oder Reh-Ziemer, gebraten" wird in dem hundert Jahre alten „Universal-Lexikon der Kochkunst" eingeleitet: „Der Rücken ist das saftigste und zarteste Stück vom Reh und ein Rehrükken wird überhaupt zu den vorzüglichsten Braten gerechnet, so daß er zu den Haupt-Schüsseln für jedes feinere Diner geeignet ist." Da die schlimmen Nachwirkungen des Unglücks von Tschernobyl in unseren Wäldern inzwischen geschwunden sind, können wir uns einen dieser „vorzüglichsten Braten" wieder unbedenklich auf den festlichen Tisch holen.

Geschmorte Rehhäxle mit Kirschsauce

8 Rehhaxen
Röstgemüse, bestehend aus
100 g Zwiebeln,
50 g Sellerie, 30 g Lauch
Pfeffer, Salz
30 ml Öl
2 Liter Wildfond (Rezept siehe S. 100)
30 g Tomatenmark
200 ml Rotwein
6 Wacholderbeeren
2 Nelken
1 Lorbeerblatt
50 g Preiselbeergelee oder Preiselbeeren
20 ml Weinbrand
1 Prise Zucker
100 g entsteinte frische Kirschen
2 TL Butter
20 ml Armagnac

Tip:
Anstelle der Kirschen können für die Sauce je nach Jahreszeit auch andere Früchte wie Pflaumen, Hagebutten oder Quitten verwendet werden.

Die Rehhaxen parieren, dabei die Knochen so weit wie möglich abschlagen. Das Röstgemüse grob zerkleinern und andünsten. Die Haxen mit Pfeffer und Salz würzen und in sehr heißem Öl kurz und scharf anbraten, herausnehmen und die Knochen anbraten. Mit dem Wildfond zwei- bis dreimal ablöschen, dann das Tomatenmark zugeben und angehen lassen. Mit Rotwein ablöschen und mit Wildfond auffüllen. Die Sauce aufkochen lassen, die Rehhaxen und die zerstoßenen Gewürze zugeben. Die Haxen etwa 1½ Stunden schmoren. Läßt sich das Fleisch leicht vom Knochen lösen, herausnehmen und erkalten lassen.
Der Sauce das Preiselbeergelee und den Weinbrand zugeben, aufkochen und durch ein Sieb passieren. Auf die Hälfte reduzieren, dann mit Salz und Zucker abschmecken.
Die Kirschen in Butter kurz anschwenken, mit Armagnac ablöschen und mit der Rehsauce auffüllen. Nochmals zusammen mit dem Fleisch gut durchkochen. Dann das Fleisch vom Knochen lösen.
Als Beilage können Sie Nußspätzle bereiten. Dazu die gekochten Spätzle (Rezept siehe S. 134) vor dem Servieren in gehackten Walnüssen durchschwenken. Und für den Wein haben wir die gleiche Empfehlung wie beim Rehrücken im vorigen Rezept.

Die Haxen, hochdeutsch „Hachsen“, befinden sich beim Vierbeiner ober- und unterhalb des Gelenks, das der Laie meist als Knie anspricht. Beim Vorderlauf hat er damit recht, doch das hintere „Knie“ ist das Sprunggelenk des Tieres und entspricht anatomisch dem menschlichen Fuß- oder Knöchelgelenk. Über der Haxe befindet sich vorne der Bug, hinten der Schlegel oder die Keule, die kompaktesten Muskelpakete des Tieres.

Weihnachtsgans

1 küchenfertige Gans
(ca. 3–4 kg)
Salz, Pfeffer
1 EL gehackter Beifuß
4 entsteinte Backpflaumen
1 Apfel
50 g Rosinen
2 EL Weckmehl
Zimt, Zucker
abgeriebene Schale von
½ unbehandelten Zitrone
Aromaten: 1 Zwiebel,
1 kleine gelbe Rübe,
½ Lauchstange,
¼ Sellerieknolle
1 EL Tomatenmark
1 Liter Wasser oder
Fleischbrühe
Salz, Pfeffer

Tips:
Eine frische Gans ist einer tiefgekühlten geschmacklich bei weitem vorzuziehen.
Das Gänseschmalz, das beim Auslassen des Fetts und beim Braten anfällt, läßt sich zu einem vorzüglichen Brotaufstrich verwenden: Mit der halben Menge Schweineschmalz mischen, damit es besser streichfähig wird, und mit angeschmorten Zwiebel- und Apfelwürfeln verfeinern.

Backofen auf 180 °C vorheizen.
Die Gans von etwa noch vorhandenen Federkielen befreien, größere Fettpartien abschneiden, Hals und Innereien für das Gänseklein an einem der nächsten Tage in den Kühlschrank legen. Die Gans außen und innen gut abwaschen, abtrocknen, mit Salz, Pfeffer und Beifuß einreiben und die Haut öfter mit der Messerspitze einstechen.
Backpflaumen, Apfelspalten und Rosinen mit dem Weckmehl mischen, mit Zimt, Zucker und Zitronenschale abschmecken und in die Gans füllen. Diese zunähen und mit der Brustseite nach unten im Bräter anbraten. Etwas Wasser zugeben und im vorgeheizten Backofen etwa 3 Stunden braten.
Nach der Hälfte der Bratzeit die Gans auf den Rücken legen und nochmals etwas Wasser angießen. Das austretende Fett abschöpfen. Während der letzten halben Stunde den Braten öfter mit etwas kaltem Wasser begießen, damit die Haut knusprig wird.
Die fertiggebratene Gans aus dem Bräter nehmen und warm stellen. Die feingewürfelten Aromaten mit dem Tomatenmark in dem Bratenfond kurz angehen lassen, dann mit Wasser ablöschen und diesen Vorgang dreimal wiederholen. Dann den Ansatz mit Wasser oder Fleischbrühe auffüllen, mit Salz und Pfeffer abschmecken und etwas köcheln lassen. Die Sauce passieren. Vor dem Servieren die Gans an der Nahtstelle aufschneiden, mit einem großen Löffel die Fülle herausholen und in einer Schüssel anrichten. Dazu gibt es Kartoffelknödel und Apfelrotkraut.

Aus gutem Grund wird der Beifuß auch Gänsekraut genannt, aber wenn er Enten-, Hammel- oder Schweinekraut heißen würde, wäre die Begründung kaum schlechter. Als Würzkraut schmeckt er nicht nur gut zu allen diesen fetten Braten, sondern macht sie auch leichter bekömmlich.
Im Garten können Sie dem Beifuß einen sonnigen Platz auf kalkhaltigem, durchlässigem Boden einräumen und haben jahrelang einen anspruchslosen Gesellen an ihm. Sie finden ihn aber auch wild wachsend auf Geröllhalden und an Wegrändern.
Schneiden Sie im Juli oder August, wenn die Blütenköpfchen noch geschlossen sind, ganze Zweige ab. Alle Blätter entfernen und nur mit den Knospen zum Trocknen aufhängen. Ohne Stengel in einem verschließbaren Glas vor Licht geschützt aufheben.

Mehl-, Kartoffel- und Gemüsegerichte

Allgäuer Käsespatzen
Leberspätzle

ALLGÄUER KÄSESPATZEN
Spätzle-Grundrezept:
450 g Mehl, 6 Eier
Salz

Für die Käsespatzen:
200 g Allgäuer Bergkäse oder Emmentaler
Pfeffer aus der Mühle
⅛ Liter süße Sahne
2 Zwiebeln, 80 g Butter
1 EL geschlagene Sahne
4 EL Schnittlauch

LEBERSPÄTZLE
Für den Spätzlesteig:
250 g Mehl
250 g Rinderleber
2 Eier
1 Zwiebel, 1 TL Majoran
Muskat, Salz, Pfeffer aus der Mühle

Zum Überbacken:
60 g Butter, 6 Eier

Tips:
Die Mehlsorte, die Sie für Spatzenteig verwenden, sollte Dunst enthalten, also griffiger, gröber im Korn sein als das normale Auszugsmehl. Die Spatzen werden damit kerniger. Lieben Sie es weniger üppig, ersetzen Sie bei den Käsespatzen die süße Sahne durch Fleischbrühe.

ALLGÄUER KÄSESPATZEN
Backofen auf 180 °C vorheizen. Mehl mit Eiern, Salz und etwas Wasser zu einem glatten Teig schlagen. Wenn er Blasen wirft, 10–20 Minuten ruhen lassen. Jeweils eine kleine Teigmenge mit einem Spatzenhobel oder einer Palette vom nassen Spätzlebrett direkt in kochendes Salzwasser schaben. (Wenn Sie den Teig durch eine Kartoffel- oder Spätzlepresse drücken – was freilich auch geht –, riskieren Sie, daß das Ergebnis als „Faule-Weiber-Spätzle" abgetan wird.) Aufkochen lassen, bis die Spätzle an die Oberfläche steigen. Mit einem Schaumlöffel herausheben und, wenn Sie die Spätzle nur als Beilage vorgesehen haben, kurz auf einem Kuchengitter abtropfen lassen und in eine Schüssel füllen.
Für die Käsespatzen die Spätzle gleich aus dem Wasser mit dem Schaumlöffel schichtweise mit dem frisch geriebenen Käse in eine feuerfeste Form geben und jede Lage pfeffern. Dann die Sahne angießen. Im vorgeheizten Ofen etwa 15 Minuten backen, bis der Käse schmilzt.
Die Zwiebeln schälen, in Streifen schneiden und in der zerlassenen Butter goldbraun anrösten. Zusammen mit der geschlagenen Sahne über die Spatzen geben und nochmals kurz überbacken. Vor dem Servieren mit Schnittlauch bestreuen.
Für ein komplettes Mittagessen können Sie dazu entweder einen gemischten Salat oder den geriebenen Kartoffelsalat (Rezept siehe S. 58) reichen.

LEBERSPÄTZLE
Das Mehl, die durch die feine Scheibe des Fleischwolfs gedrehte Leber und die Eier zu einem Teig vermengen. Die Zwiebel fein hakken, dämpfen und dann zugeben. Den Teig abschmecken und wie beim Spätzle-Grundrezept gut schlagen, bis er Blasen wirft, 10–15 Minuten ruhen lassen und dann in kochendes Salzwasser schaben.
Die fertigen Leberspätzle in Butter leicht anrösten, die Eier darüber aufschlagen und langsam zum Stocken bringen. Auf einer Platte omeletteartig anrichten. Als Beilage Endivien-Kartoffelsalat oder geriebenen Kartoffelsalat (Rezept siehe S. 58) mit feingeschnittenen Gurkenscheiben untermengt reichen.

LINSEN UND SPÄTZLE

500 g Linsen
1 Zwiebel, 1 Lorbeerblatt,
1 Nelke
1 EL Schweineschmalz
1 EL Mehl
1 TL Tomatenmark
1 TL geriebener Meerrettich
½ TL mittelscharfer Senf
1 EL Weißweinessig
Salz, Pfeffer

Für die Einlage:
1 geräuchertes Schweinelendchen
4 geräucherte Schweinebäckchen
1 gelbe Rübe
½ Sellerieknolle
4 Schweinsbratwürste
1 EL Schweineschmalz
1 kleines Bund Petersilie

Tip:
Ein Schuß Essig gehört zu den Linsen. Aber warten Sie mit dem Abschmecken, bis sie weich sind. Die Säure würde sonst das Weichwerden verhindern.

Die Linsen waschen und in frischem Salzwasser aufsetzen. Eine Hälfte der Zwiebel mit Lorbeerblatt und Nelke spicken und mit den Linsen etwa 1 Stunde köcheln lassen.
Inzwischen die zweite Zwiebelhälfte in feine Würfel schneiden, in der Pfanne zusammen mit Schweineschmalz und Mehl daraus eine braune Schwitze rühren und dann kalt stellen.
Aus dem Linsentopf am Ende der Kochzeit die Spickzwiebel herausnehmen, Tomatenmark zufügen, kurz aufkochen lassen und die Schwitze hineinrühren. Mit Meerrettich, Senf, Essig, Salz und Pfeffer abschmecken.
Nun die Spätzle nach dem Grundrezept auf der vorigen Doppelseite zubereiten und in einer Schüssel zugedeckt warm stellen.
Die Schweinelendchen und die Schweinebäckchen in nur leicht gesalzenes kochendes Wasser einlegen und bei geringer Hitze in etwa 1 ½ Stunden gar ziehen lassen. Nach der Hälfte der Zeit die geschälte gelbe Rübe und die Sellerie zugeben.
Die Bratwürste in Schmalz auf beiden Seiten knusprig braten.
Die Linsen in eine Schüssel füllen, Lendchen und Bäckchen in Scheiben schneiden und mit den Bratwürsten auf die Linsen legen. Mit feingeschnittenen Scheiben von gelber Rübe und Sellerie und mit gehackter Petersilie garnieren.

Bei dem Wort Linsen fallen anderen Leuten zuerst Esau und Jakob ein und wie sie um das Erstgeburtsrecht handelten. Wir Schwaben sind da eigen, denken an uns selbst zuerst und ergänzen: „Linsen, Spätzle und . . . " Was wir dann an die Stelle der drei Punkte setzen, hängt von unserer augenblicklichen Gemütslage ab. Sind wir gerade bescheiden aufgelegt, werden's Saitewürstle sein, diese herrlich knackigen fingerdicken Gebilde, die ihren Namen von den einst sie umgebenden hauchdünnen Saiten- oder Darmhäuten tragen. Habhafter, wenn auch noch nicht unbescheiden wird's mit Beilagen wie in unserem Rezept. Schmekken tut's jedenfalls herzhaft-herrlich – und dazu ein Bier oder ganz traditionell ein räßer Most!

Bubespitzle Spindele

BUBESPITZLE
500 g Kartoffeln, am Vortag gekocht
125 g Mehl
1 Ei
Salz, Muskat
Schweineschmalz zum Ausbraten

SPINDELE
Kartoffelmasse wie für Bubespitzle
1 kleine Zwiebel
30 g Bauchspeck
1 EL feingehackte Petersilie
50 g Bohnen
60 g Butter

BUBESPITZLE (oben)
Die gekochten Kartoffeln reiben, mit Mehl und Ei zu einem Teig kneten und mit Salz und Muskat würzen. Aus dieser Masse zwischen den Händen kleine Würstchen (Spitzle) rollen und 2 Minuten in Salzwasser kochen. Mit dem Schaumlöffel herausnehmen, auf Küchenkrepp kurz abtrocknen lassen und dann in reichlich Schmalz goldgelb braten.

SPINDELE (unten)
Zwiebel und Speck in feine Würfel schneiden, anschwitzen und dann mit der feingehackten Petersilie unter die Kartoffelmasse mengen. Die Bohnen in kochendem Wasser kurz aufbrühen, so daß sie noch knackig sind, und mit der Masse darum Spindele formen. In Butter braten.

Sind Bubespitzle das gleiche wie Schupfnudeln, oder darf man diese nur so unverfänglich nennen, wenn sie hauptsächlich aus Roggenmehl bestehen? Jedenfalls sehen beide genauso aus, wie die Bubespitzle heißen, und auch das „Schwäbische Handwörterbuch" macht bei der Definition keinen wesentlichen Unterschied, hier „mit der Hand bereitete, an den Enden zugespitzte Nudel", dort „mit der Hand gerollte Nudel in Fingergröße; auch geschupfte N.".
Die Bubespitzle lassen sich geschmacklich leicht variieren. Wenn Sie beispielsweise die gekochten Teigwürstchen in eingedickter Sahne schwenken, erhalten Sie Rahm-Bubespitzle. Wünschen Sie statt einer feinen eine deftige Beilage, vermengen Sie die Bubespitzle mit Sauerkraut.
In der italienischen Küche entstehen aus etwa der gleichen Teigmasse herrliche Gnocchi di patate, *Kartoffelnocken, die ihre besondere Note durch frische Kräuter wie z. B. Basilikum oder durch Spinat erhalten können.*
Spindele wird eine Variante der Bubespitzle genannt, die im Kern aus grünen Bohnen bestehen.

Nudeln

GRUNDREZEPT
NUDELTEIG
300 g Mehl
2 Eier
1 Eigelb
½ EL Öl
Salz

SPINATNUDELN
Für die Spinatmatte:
130 g Blattspinat
2 EL Wasser

Nudelteigzutaten wie für Grundrezept

STEINPILZNUDELN
Für die Matte:
250 g Steinpilze, frisch oder tiefgekühlt
1 EL Fett
Salz, Pfeffer, Muskat

Für den Nudelteig:
300 g Mehl
2 Eigelb
1 Ei
½ EL Olivenöl

Tips:
Wenn Sie den Teig ein Weilchen ruhen lassen, bevor Sie ihn weiterverarbeiten, wird er geschmeidiger. Selbstgemachte Nudeln möglichst frisch verwenden. Getrocknet halten sie 1–2 Tage.

GRUNDREZEPT NUDELTEIG
Das Mehl kranzartig auf ein Nudelbrett verteilen. Eier und Eigelb mit Öl und Salz verquirlen und in die Mitte geben. Das Mehl langsam von außen nach innen untermengen und einen homogenen Teig daraus kneten, zu einer Kugel formen, in Folie packen und 2 Stunden kühl stellen. (Wenn Sie eine Küchenmaschine benutzen, dann die Zutaten einzeln dem Mehl zugeben. Zuerst langsam, dann schneller kneten.)
Den Teig möglichst dünn zu rechteckigen Platten auswellen und in etwa ½ cm breite Nudelstreifen zerschneiden, vor dem Kochen etwas trocknen lassen. Wenn die Nudeln erst später gebraucht werden sollen, sehr gut trocknen lassen und in dicht verschlossenen Gläsern aufheben.

SPINATNUDELN
Für die Matte den Spinat von den Stielen befreien und gründlich waschen. Die Blätter mit 2 EL Wasser im Mixer fein pürieren und durch ein Tuch drücken. Den entstandenen Saft unter Rühren zum Kochen bringen, salzen und dann durch eine feste Papierserviette seihen. Auf der Serviette setzt sich die Matte ab, die bei der oben beschriebenen Herstellung der Nudeln mit den Eiern vermengt wird.

STEINPILZNUDELN
Frische Steinpilze säubern und unter fließendem kaltem Wasser gründlich waschen, tiefgekühlte Pilze leicht antauen lassen. In einem flachen Topf mit wenig heißem Fett anschwenken und mit Salz, Pfeffer und Muskat würzen. Die erkalteten Pilze im Mixer pürieren und wie bei den Spinatnudeln beschrieben zur Matte verarbeiten. Weitere Nudelherstellung siehe oben.

Farbe erhalten Nudeln durch Aromaten wie Spinat, Tomaten, rote Bete oder Safran. Man stellt deshalb zuerst eine „Matte" her, die diese Farbe liefert.
Beachten Sie bitte bei allen schwäbischen Nudelvarianten, daß sie im Gegensatz zu italienischen Teigwaren, die al dente, *bißfest gekocht werden, keinen Hartweizengrieß enthalten. Deshalb werden sie auch etwas weicher beim Kochen.*
Besonders köstlich schmecken Nudeln in Verbindung mit Pilzen.

Rahmnudeln „Schwabenhansel“

100 g gekochter Schinken
1 Zwiebel
½ Salatgurke
60 g Steinchampignons
80 g Butter
Salz, Pfeffer aus der Mühle
3 EL Crème fraîche
600 g Nudeln
2 kleine Tomaten
je 1 kleines Bund Kerbel, Petersilie und Estragon
Muskat

Schinken, Zwiebel, Gurke und Pilze in feine Streifen schneiden. Die Butter in einem flachen Topf erhitzen, Schinken- und Zwiebelstreifen darin leicht angehen lassen, Gurke und Champignons daruntermischen und mit Salz und Pfeffer abschmecken. Die Crème fraîche zugeben.

Die frischgekochten und abgeseihten Nudeln, die in Würfel geschnittenen Tomaten und die feingehackten Kräuter untermengen. Mit einer Prise Salz und Muskat nochmals abschmecken.

Ein einfaches Essen, zu dem als Beilage der schwäbische Kartoffelsalat (Rezept siehe S. 58) ebenso paßt wie bunter Blattsalat. Ersetzen Sie bei der Marinade dafür doch einmal den üblichen Essig durch Mostessig. Über die Rahmnudeln schlägt der Schwabe gern noch ein Spiegelei.

Sie wissen ja: Selbstgesammelte Champignons sind nur dann wohlbekömmlich, wenn man absolut sicher sein kann, keinen Knollenblätterpilz darunter zu haben – oder wollten Sie Ihre Familie ausrotten? Aber die von Pilzkundigen gesammelten sind auch aromatischer im Geschmack als die Zuchtchampignons. Und noch besser, auch fester im Fleisch als der Feld- oder Wiesenchampignon ist der Stein- oder auch Stadtchampignon. Er wächst gern in Gruppen zwischen dem Schotter an Straßenrändern. Sein lateinischer Beiname bitorquis *besagt, daß er nicht nur einen Ring am Stiel trägt, sondern deren zwei.*

Maultaschen

Nicht ganz nach unserem Rezept, weil nur für vier bis fünf Personen bereitet, doch im entscheidenden Moment erwischt: beim Verstecken der Fülle.

Für 10 Personen

Für den Nudelteig:
750 g Mehl
6 Eier, Salz
6 EL Wasser

Für die Fülle:
2 Wecken
50 g Lauch (Porree)
250 g Spinat
50 g durchwachsener Bauchspeck
1 Zwiebel
500 g Hackfleisch
500 g Kalbsbrät
4 Eier, Salz, Pfeffer
Muskat, Majoran
1 Eigelb

Den fertiggekneteten Teig sehr dünn auswellen und in etwa 1 m lange und 20 cm breite Streifen schneiden.
Für die Fülle die in Wasser eingeweichten Wecken ausdrücken und mit dem angedämpften Lauch und Spinat durch den Fleischwolf drehen. Den feingewürfelten Speck andünsten, die Zwiebel fein hacken und mit Hackfleisch, Kalbsbrät, Eiern und Gemüsepüree vermengen und abschmekken.
Einen der Teigstreifen mit Eigelb einpinseln und entlang einer Kante eine etwa 5 cm dicke Wurst aus der Füllmasse legen. Daraus eine lange Rolle drehen, etwas flachdrücken und zu etwa 7 cm großen Rauten schneiden. Die offenen Teigkanten aufeinanderdrücken. Auf diese Weise den ganzen Teig mit Füllmasse zu Maultaschen formen und diese in siedendem Salzwasser 15 Minuten gar kochen.
Maultaschen schmecken aus der Brühe, angeschmälzt oder in Scheiben geschnitten angeröstet, evtl. zusammen mit einem aufgeschlagenen Ei. Zu den geschmälzten und gerösteten paßt am besten ein Kartoffelsalat (Rezept siehe S. 58).

Ob die Maultaschen in China erfunden wurden oder nicht – den wackren Schwaben forcht das nit: Gute Sachen werden zweimal auf der Welt erfunden! Die Grundsatzfrage freilich, ob in die Maultaschen Spinat gehört oder nicht, die hat schon ganze Familien entzweit. Wir meinen: Spinat muß sein, so sicher wie das Amen in der Kirche! Aber wenn Sie *die Maultaschenfülle lieber ohne Spinat mögen – bitte sehr!*
Und zu dem unerschöpflichen Thema noch weitere Tips: Herzhaft-deftig schmeckt ein Salat aus Maultaschen: Die lauwarmen Maultaschen in Scheiben schneiden und in einer Salatsauce aus Weißweinessig, Öl, Salz, Zukker und feingeschnittenen Röhrchen von Schnittlauch und Frühlingszwiebeln schwenken. Mit Salz und Pfeffer aus der Mühle nachwürzen, auf Kopfsalatblättern anrichten und mit einem Radieschen verzieren.
Rechnen Sie vier Maultaschen pro Person.

Gaisburger Marsch

4 Markknochen
600 g Rindfleisch (Brustkern)
1½–2 Liter Wasser
1 EL Salz
2 gelbe Rüben
¼ Sellerieknolle
1 Petersilienwurzel
½ Stange Lauch (Porree)
1 Lorbeerblatt
4 Pfefferkörner
2 Wacholderbeeren
4–5 Kartoffeln
Muskat, Pfeffer, Salz
etwa 250 g Spätzle (Rezept siehe S. 134)

Zum Überschmälzen:
1 Zwiebel
50 g Butter
2 EL gehackter Schnittlauch

Die Markknochen gut mit heißem Wasser abspülen, in kaltem Wasser aufsetzen und rasch zum Kochen bringen, das Fleisch zugeben, salzen und etwa 2 Stunden langsam köcheln lassen. Nach 1½ Stunden das feingeschnittene Gemüse, das Lorbeerblatt, Pfefferkörner und Wacholderbeeren beifügen. Die Kartoffeln schälen und in Schnitze schneiden.
Das Fleisch herausnehmen und warm stellen. Die Brühe durch ein Sieb passieren, das Gemüse wieder zugeben und leicht köcheln lassen. Die Kartoffeln kurz weich kochen, abschütten und zur Brühe geben.
Inzwischen die Spätzle bereiten, dann mit dem gewürfelten Fleisch in der Brühe nochmals kurz aufkochen. Mit Muskat, Pfeffer und Salz abschmecken.
Zum Schmälzen die Zwiebel schälen und in Ringe schneiden, in Butter goldgelb anrösten und mit dem Schnittlauch beim Servieren über den Gaisburger Marsch geben.

Mir Schwoba send ons einig: A gueter Gaisburger Marsch isch ebbes Guets! Uneinig sind wir uns über die Herkunft des Namens: Hat eine Gaisburger Wirtin – vielleicht die von der „Bäckerschmide“ – den auf ihrem Ausmarsch scharenweise einfallenden Soldaten alle erreichbaren Reste zu einem habhaften Eintopf zusammengescharrt? Oder durften die Eheweiber der in Gaisburg eingelochten Tunichtgute denen nur einen Napf Essen bringen – dann nadierlich mit ebbes Guetem dren? Aber dabei send se ja net marschiert. Also ben i da drgege, denn do hör i scho d Norddeutsche läschdre: „Das heißt gar nicht Marsch, sondern Mansch.“ Hent die a Ahnong!
Nur wenige wissen, daß der Stuttgarter Stadtteil Gaisburg weit mehr zu bieten hat als Gaskessel, Industrie und Verkehrslärm und dazu noch eines der ältesten ehemaligen Dörfer der Landeshauptstadt ist. Ganget emol na ond gucket selbschd!

Geschmälzter Hefeknopf

300 g Mehl
15 g Hefe
¼ Liter lauwarme Milch
1 Ei
Salz
60 g Weißbrot ohne Rinde
1 Zwiebel
2 EL Petersilie
1 EL Kerbel
1 EL Schnittlauch
30 g Butter
Pfeffer, Muskat

Für die Schmelze:
50 g Butter
1 Zwiebel
2–3 TL Weckmehl
(Paniermehl)

Tip:
Wenn Sie die Hefeknöpfe als Hauptmahlzeit reichen wollen, mengen Sie in den Teig noch 150 g Schinkenwürfel ein.

Mehl in einer Schüssel zu einer Kuhle vertiefen, Hefe einbröckeln, die Milch, das aufgeschlagene Ei und eine Prise Salz zugeben und daraus einen Teig schlagen. Diesen an einem warmen Ort zugedeckt gehen lassen.
Inzwischen Weißbrot und Zwiebel fein würfeln und die Kräuter hacken. Weißbrot- und Zwiebelwürfel in Butter anschwenken und kalt stellen. Wenn der Hefeteig auf die doppelte Größe aufgegangen ist, die Weißbrot-Zwiebel-Masse und die Kräuter hineinkneten, den Teig abschmecken, in ein bemehltes Tuch einrollen und dieses an beiden Enden wie ein Bonbon abbinden. In siedendem Wasser etwa 1 Stunde gar ziehen lassen. Den Teig auspacken, in Scheiben schneiden und mit in Butter angebräunten Zwiebelwürfeln und Weckmehl überschmelzen.
Ob Sie den geschmälzten Hefeknopf als Beilage etwa zu einem leckeren Braten essen wollen oder mit Schinken angereichert als Mittelpunkt der Mahlzeit vorsehen, einen frischen Salat oder ein sommerliches Gemüse wie grüne Bohnen sollten Sie noch dazu reichen – aus optischen genauso wie aus gesundheitlichen Gründen.

Klötze, große Stücke von gespaltenem Holz – das ist laut „Schwäbischem Handwörterbuch“ die Erklärung für das schwäbische Wort Klöße – und das ist auch die Erklärung dafür, daß in deutschen Landen Klöße, Knödel, Knöpfe oder Knöpfle nicht immer kulinarische Hochgenüsse sind. Zart und locker müssen sie sein, dann verzeiht es eine Hausfrau in Süddeutschland oder Österreich auch eher, wenn man ihre zarten Gebilde Klöße nennt.

LEBERKNÖPFLE SPECKKNÖPFLE

LEBERKNÖPFLE
6–7 altbackene Wecken (Brötchen)
⅛ Liter Milch
1 Zwiebel
50 g Speck
2 EL gehackte Petersilie
30 g Butter
500 g Rinderleber
2 Eier
Salz, Majoran, Pfeffer aus der Mühle
1 Liter kräftige Fleischbrühe

SPECKKNÖPFLE
7 altbackene Wecken
⅛ Liter Milch
3 Eier
Salz, Pfeffer
80 g durchwachsener Speck
1 kleine Zwiebel
2 EL gehackte Petersilie
30 g Butter

Tips:
Falls der Teig zu dünn ist (die Wecken sind nicht überall gleich groß!), können Sie bei Bedarf etwa 1 EL Mehl untermischen. Die Speckknöpfle sparsam salzen!

LEBERKNÖPFLE (unten)
Die Wecken kleinschneiden und in lauwarmer Milch einweichen. Zwiebel und Speck fein würfeln, mit der Petersilie in der Butter anschwitzen und dann abkühlen lassen. Die Leber durch die feine Scheibe des Fleischwolfs drehen, die ausgedrückten Wecken zugeben und mit Zwiebel, Speck, Petersilie und Eiern vermengen, gut würzen.
Von dieser Masse mit einem Eßlöffel Knöpfle in die siedende Fleischbrühe abstechen und darin etwa 20 Minuten gar ziehen lassen.
Ob in der Brühe als Suppeneinlage oder geschmelzt als Hauptgericht aufgetischt – Leberknöpfle schmecken in beiden Variationen. Werden sie als Hauptmahlzeit gereicht, paßt ein Kartoffelsalat dazu, dem als farbliche und geschmackliche Auflockerung Endiviensalat beigemengt sein kann. Genauso gut eignet sich als Beilage Sauerkraut. Mancher Schwabe möchte auch hierbei auf seine Spätzle nicht verzichten.

SPECKKNÖPFLE (oben)
Die Wecken klein würfeln und dann in lauwarmer Milch einweichen. Eier mit Salz und Pfeffer verquirlen, über die Wecken geben und ½ Stunde durchziehen lassen.
Inzwischen Speck und Zwiebel in feine Würfel schneiden und zusammen mit der Petersilie kurz andünsten. Dann unter den Teig geben, mit nassen Händen Bällchen daraus formen und diese im siedenden Salzwasser etwa 15 Minuten gar ziehen lassen.

Was man erspart an seinem Mund, das frißt die Katze oder Hund – mit dieser Lebensweisheit von einer wahrsagenden Zigeunerin zieht der Knöpflesschwab, einer von Berthold Auerbachs sieben Schwaben, seiner Wege. Eigentlich könnte ja fast jeder hierzulande Knöpflesschwab heißen, denn wer mag diese rundlichen, lockeren Gebilde nicht! Welche von ihnen die spezielle Leibspeise des Knöpflesschwab aus dem Volksbuch waren, erfahren wir bei Auerbach allerdings nicht. Vielleicht waren's auch gemeinhin und allgemein Spätzle, denn es ist schon eine rechte Knopfete im Schwäbischen: Je nach Gegend, Lust und Laune kann man für ein und dieselbe Speise Knöpfe oder Spatzen, Knöpfle oder Spätzle sagen. Man kann aber auch große Unterschiede machen.

Weckknöpfleauflauf mit Steinpilzen

3 Wecken (Brötchen)
½ Zwiebel
20 g Speck
1 EL gehackter Schnittlauch
1 EL gehackte Petersilie
30 g Butter
1 Eigelb
⅛ Liter süße Sahne
Muskat, Salz
2 Eiweiß

Für die Pilzbeilage:
500 g Steinpilze
1 kleine Zwiebel
30 g Butter
Salz, Pfeffer aus der Mühle
Muskat
⅛ Liter süße Sahne
1 kleines Bund Petersilie
Kerbel zur Garnitur

Tips:
Pilze möglichst am selben Tag verwenden, an dem sie gesammelt oder gekauft wurden. Müssen sie über Nacht aufbewahrt werden, dann an einem kühlen, luftigen Ort die Pilze ausbreiten.
Beim Dünsten der Pilze den Topf offen lassen, sonst werden sie im eigenen Saft hart.
Pilzgerichte niemals aufwärmen!

Backofen auf 180 °C vorheizen.
Die Wecken in kleine Würfel schneiden. Zwiebel und Speck kleinschneiden und mit den gehackten Kräutern in Butter leicht andünsten, dann die gewürfelten Wecken, Eigelb und Sahne zugeben. Mit Muskat und Salz abschmecken. Eiweiß steif schlagen, unter die Masse heben und diese in ausgebutterte kleine Förmchen füllen. In einen großen Topf oder Bräter mit heißem Wasser stellen und im vorgeheizten Backofen gar ziehen lassen.
Die Pilze mit dem Messer gründlich säubern und dabei alle weichen, madigen und angefressenen Stellen entfernen, harte Stellen am Stiel abschneiden. Nur kurz waschen und dann in gleichmäßig große Stücke schneiden. In einem flachen Topf Zwiebelwürfel in Butter angehen lassen. Die Pilze zugeben, kurz schwenken und mit Salz, Pfeffer und Muskat würzen. Sahne angießen, die frisch gehackte Petersilie darüberstreuen.
Zum Anrichten die Auflaufförmchen auf Teller stürzen und die Pilze dazugeben. Mit einem Kerbelsträußchen garnieren.
Zu diesem feinen, leichten Gericht empfehlen wir einen ebenso leichten Weißherbst oder Schillerwein.

Tradition und Fortschritt, so könnte man als Motto über dieses Rezept schreiben. Weckknöpfle in moderner Abwandlung. Oma wird kaum andere Förmchen als die für Pfitzauf (Rezept siehe S. 172) in ihrer Küche gehabt haben, und auch ein Gericht im Wasserbad gar ziehen zu lassen, zu „pochieren“, war vielleicht nicht ihre Sache. Sie können es natürlich auch hier mit Pfitzaufförmchen versuchen, wenn sie nicht zu sperrig für Ihren größten Topf sind.

KRÄUTERSTRUDEL

Für den Teig:
125 g Mehl, 1 Prise Salz
50 ml Wasser
1 EL Olivenöl

Für die Füllung:
je ½ Bund Petersilie und Kerbel, 2 EL gehackter Schnittlauch
1 Zwiebel, 130 g Butter
50 g Weckmehl, 2 Eigelb
100 g Sauerrahm
Salz, Pfeffer, Muskat
Butter für das Blech und zum Bestreichen

Tip:
Legen Sie das Tuch, auf dem Sie den Teig ausziehen wollen, auf ein erwärmtes Blech. Der Teig wird durch die Wärme geschmeidiger und läßt sich dünner ausziehen.

Backofen auf 180 °C vorheizen. Die Teigzutaten in einer Schüssel vermengen und auf einer bemehlten Arbeitsfläche gut durcharbeiten. Den Teig in Klarsichtfolie einschlagen und an einem warmen Ort ruhen lassen.
Für die Füllung die Kräuter fein hacken. Die Zwiebel in Würfel schneiden und in einem Drittel der Buttermenge anschwenken, das Weckmehl zugeben, kurz mitschwenken, dann kalt stellen. Die restliche Butter schaumig rühren, nach und nach die Eigelb einrühren, den Sauerrahm unterziehen. Die gekühlten Zwiebelbrösel und die Kräuter der Buttermasse beigeben, abschmecken.
Den Teig aus der Folie nehmen und ausrollen, auf einem bemehlten Tuch dünn ausziehen. Die Füllung auf den Teig streichen und diesen mit Hilfe des Tuches einrollen, auf ein gebuttertes Blech legen. Den Strudel mit Butter bestreichen und im vorgeheizten Backofen etwa 45 Minuten backen.
Strudel werden immer warm serviert. Mit einer Tomatensauce dazu ergibt der Kräuterstrudel eine herrlich leichte Vollwertkost.

Als Graf Eberhard im Barte – Sie wissen doch: der sein Haupt konnt kühnlich legen jedem Untertan in Schoß – 1474 seine Barbara von Mantua heimführte, gab es ein großes Hochzeitsmahl mit 22 Gängen für die Fürstlichkeiten. Für Edeldamen, Grafen und Freiherren taten es 12, für das Gesinde 6 Gänge. Auf dem fürstlichen Menü stand zwischen „Gebratene Forellen" und „Ein braunes Mus" als fünfzehnter Gang „Gebackenes von gefüllten Oblaten" – wahrscheinlich nichts anderes als unser Strudel.

Saure Kartoffelrädle

1 kg Kartoffeln
1 Zwiebel
50 g Schweineschmalz
2 EL Mehl
½ Liter kalte Fleischbrühe
Gewürzei mit
4 zerdrückten Pfefferkörnern,
1 Lorbeerblatt und 1 Nelke
Salz, Muskat, Pfeffer aus der Mühle
mittelscharfer Senf
2 EL Mostessig

Tips:
Entweder die warme Mehlschwitze mit kalter Brühe auffüllen oder kalte Mehlschwitze in warme Brühe rühren – sonst gibt es Knollen.
Als „Tee-Eier" sind die meist echt silbernen Tee-Eier im allgemeinen nicht mehr beliebt, weil der Tee darin sein Aroma nicht voll entfalten kann. Aber man kann einige ungemahlene Gewürze hineintun und nach dem Kochen leicht wieder aus der Speise nehmen.

Die Kartoffeln kochen und schälen.
Die in Würfel geschnittene Zwiebel im Schmalz andünsten, mit Mehl bestäuben und goldbraun bräunen. Mit der Fleischbrühe auffüllen, das Gewürzei zugeben, mit den übrigen Zutaten abschmecken und etwas köcheln lassen. Das Gewürzei herausnehmen. Die in Rädle (Scheiben) geschnittenen Kartoffeln dazugeben und nochmals kurz aufkochen.
Als Beilage vorzüglich zu im Wurzelsud gekochter Ochsenbrust oder Kalbszunge. Aber vergessen Sie auch nicht, einen frischen Salat dazu zu reichen.

Mit „saure Rädle" müßte eigentlich jeder Schwabe schon wissen, was gemeint ist. Aber sie sind wie der Gaisburger Marsch als Nationalgericht etwas aus der Mode gekommen. So wollen wir sie denn für alle Fälle „zieren" mit dem Fremdwort Kartoffel. Äbira, Grombira oder Ärdäpfl versteht ja sowieso kaum ein 'Reigschmeckter, geschweige denn ein Auswärtiger als: Erdbirnen, Grundbirnen oder Erdäpfel – sprich: Kartoffeln.

Sauerkraut

1 Zwiebel
3 EL Schweineschmalz
1 kg Sauerkraut
¼ Liter Riesling oder Most
⅛ Liter Wasser
Gewürzbeutel mit 3 Lorbeerblättern, 1 Knoblauchzehe, 1 Nelke, 2 Wacholderbeeren, Thymian
4 EL Apfelmus
1 Kartoffel, Pfeffer

Tips:
Sauerkraut vor dem Kochen nicht waschen, da es sonst an Geschmack und wertvollen „Mitbringseln" verliert.
Mit Salz sparen. – Weitere Verfeinerungen: Ananasstückchen oder abgezogene Weintrauben.
Als Beilage zu Wildgeflügel einen Schuß Sekt oder Champagner zugeben.

Die Zwiebel fein würfeln und in einem großen Topf im erhitzten Schmalz kurz angehen lassen. Das Kraut auflockern und zugeben, kurz andünsten. Wein oder Most und Wasser angießen und den Gewürzbeutel hineingeben. Das Kraut auf kleiner Flamme etwa 2 Stunden köcheln lassen. Sollten Sie Sauerkraut aus der Dose verwenden, verkürzt sich die Zeit auf etwa 30 Minuten. Kurz vor Ende der Garzeit den Gewürzbeutel entfernen, das Apfelmus zugeben, die roh geriebene Kartoffel mit einer Gabel unterrühren. Mit Pfeffer und evtl. noch etwas Riesling oder Most abschmecken.
Je nach Geschmacksabstimmung ist Sauerkraut die richtige – oder sogar die einzig richtige – Beilage zur Schlachtplatte, zu gebratener Leber, Wildgeflügel und anderen guten Sachen. Dazu besonders im Winter ein hervorragender Vitaminspender (B_1 und C).

Das beste Kraut weit und breit wächst auf den Fildern. Liegt das am Boden auf dieser Hochfläche zwischen dem Stuttgarter Talkessel und dem Schönbuch oder am Klima – wer weiß! Nicht nur die spitz zulaufenden, sondern auch die rundlichen Weißkraut- und die Blaukrautköpfe von dort sind „Spitze".

Krautauflauf Bauernküchle

KRAUTAUFLAUF
1 kleine Zwiebel
50 g Weißbrot ohne Rinde
¼ Liter süße Sahne
75 g Butter
⅛ Liter Weißwein
300 g Sauerkraut
2 Eigelb
1 Eiweiß
Salz, Pfeffer, Zucker

BAUERNKÜCHLE
½ Zwiebel
30 g Butter
125 g Sauerkraut
2 EL Graupen
4 EL Weißwein
500 g rohe Kartoffeln
2 Eier
100 g Weißbrot ohne Rinde
Salz, Muskat, Pfeffer aus der Mühle
100 g Butterschmalz

KRAUTAUFLAUF
Backofen auf 170 °C vorheizen. Die Zwiebel und das Weißbrot fein würfeln; die Sahne auf die Hälfte einkochen.
Die Zwiebelwürfel in einem Drittel der Buttermenge glasig dünsten, mit dem Weißwein ablöschen und diesen fast vollständig reduzieren. Das Sauerkraut aufgelockert zugeben und köcheln lassen. Die Brotwürfel in der restlichen Butter anschwenken und dann mit der reduzierten Sahne dem Sauerkraut zugeben, erkalten lassen. Die Eigelb einrühren und das steifgeschlagene Eiweiß unterheben. Die Masse abschmecken und ausgebutterte kleine Förmchen damit füllen, im vorgeheizten Backofen etwa 30 Minuten garen. Dann stürzen und anrichten.

BAUERNKÜCHLE
Die feingewürfelte Zwiebel in der Butter hellbraun angehen lassen. Das Sauerkraut mit den Graupen und dem Weißwein kochen. Die Zwiebelwürfel zugeben und das Gemüse abkühlen lassen.
Inzwischen die geschälten Kartoffeln reiben und dann unter das abgekühlte Kraut rühren. Die Eier und die geriebenen Weißbrotkrumen zugeben. Die Masse würzen und daraus Küchle formen, im Butterschmalz goldgelb ausbacken.
Die Bauernküchle oder -puffer passen am besten zu deftigen Fleischgerichten wie Spanferkel oder Schweinshaxe. Und im Steingutkrug schäumt ein kühles Bier.

Wenn Sie über einen kühlen Keller verfügen, machen Sie sich doch einmal die Mühe, Kraut in einem großen Steinguttopf selbst einzulegen. Sein Geschmack wird Sie begeistern. Dazu das Kraut putzen und mit dem Krauthobel oder dem Gemüseaufsatz der Küchenmaschine fein schneiden. Lagenweise in den Krauttopf füllen, mit der Faust feststampfen und jede Lage salzen. Das Kraut sollte zum Gären dicht abgeschlossen werden, entweder durch einen passenden Holzdeckel mit einem Pflasterstein darauf oder durch einen mit Wasser gefüllten Plastiksack. Die Milchsäurebakterien entwickeln sich am besten bei Zimmertemperatur. Nach zwei Tagen den Topf in den Keller stellen. Zwei bis vier Wochen später ist das Sauerkraut fertig. Bei längerer Aufbewahrung im Steinguttopf muß der Deckel in regelmäßigen Abständen abgewaschen werden.

Herbstlicher Gemüseeintopf

2 Zwiebeln
3 EL Öl
600 g Ochsenbrust
Salz
1 ½ Liter Wasser
1 Stange Lauch (Porree)
½ Sellerieknolle
200 g gelbe Rüben
½ Kopf Wirsing
300 g Kartoffeln
Gewürzbeutel mit
1 Lorbeerblatt,
5 zerdrückten
Pfefferkörnern,
2 zerdrückten
Knoblauchzehen,
2 Wacholderbeeren,
1 Nelke
Salz, Muskat, Pfeffer aus der Mühle
1 kleines Bund
Schnittlauch

Tips:
Die Zubereitung von Eintöpfen erlaubt viele Variationen. So können Sie hier die Ochsenbrust durch eine Lammschulter ersetzen.
Ein Eintopf schmeckt auch aufgewärmt gut.

Die Zwiebeln fein schneiden und in heißem Öl glasig dünsten. Das Fleisch würfeln, zugeben und 10 Minuten leicht anbraten. Salzen, mit Wasser auffüllen und etwa 80 Minuten weiter köcheln lassen.
Gemüse waschen, Lauch in Streifen schneiden. Sellerie und gelbe Rüben schälen, würfeln und in die Brühe geben. Den Wirsing vom Strunk befreien, hobeln und in Würfel schneiden, mit dem Gewürzbeutel ebenfalls in den Topf geben. Etwa ½ Stunde später die geschälten und in Würfel geschnittenen Kartoffeln und den Lauch ebenfalls zugeben. Köcheln lassen, bis das Fleisch weich ist. Den dann sämigen Eintopf mit Salz, Pfeffer und Muskat abschmecken.
Beim Servieren mit frisch gehacktem Schnittlauch bestreuen.

Für ein festliches Mahl würden wir dieses Eintopfgericht zwar nicht gerade vorsehen, aber mit allen seinen guten Zutaten ist es eine herzhafte und recht häbige Kost. Leider hängt den Eintöpfen das Geschmäckle der Sparsamkeit an, seit die Herrscher des allerletzten Reiches allen ihren Volksgenossen jeden Monat einen „Eintopfsonntag“ vorschrieben. Das angeblich dabei Gesparte – für e bißle Strom, e bißle Abwasch ond au sonscht no e bißle meh Arbet – wurde von fleißigen Sammlerinnen an jeder Haustür abkassiert.

Gebackene Gemüsewurst-Rädle

150 g Brokkoli
150 g gelbe Rüben
150 g grüne Bohnen
200 g Blumenkohl
2 Zitronenscheiben
200 ml süße Sahne
4 Eier
Salz, Pfeffer aus der Mühle
Muskat
1 Wurstdarm (vom Metzger)

Zum Panieren:
60 g Mehl
2 Eier
50 g Parmesan

Bratfett

Tip:
Den Wurstdarm nicht zu straff abbinden, da die Fülle beim Kochen noch etwas aufgeht.

Das Gemüse säubern und waschen. Die Brokkoli zu Röschen schneiden, blanchieren; gelbe Rüben schälen, in kleine Würfel schneiden und mit den Bohnen blanchieren. Den Blumenkohl in Salzwasser mit den Zitronenscheiben weich kochen, dann ausdämpfen lassen (nicht abschrecken) und mit der Sahne und den Eiern im Mixer fein pürieren.
Die Masse zusammen mit den vorbereiteten Gemüsen vermischen, abschmecken und in den Darm füllen, in kochendem Wasser etwa 60 Minuten garen. Die Wurst herausnehmen und erkalten lassen, dann in Scheiben schneiden. Diese zuerst in Mehl, dann in der Ei-Parmesan-Mischung wenden und in heißem Fett ausbacken.
Als Beilage zu dieser „Vegetarierwurst" empfehlen sich Spaghetti oder Nudeln (Rezept siehe S. 140) mit einer Sauce aus Tomaten und Basilikum. Wie wäre es zu einem so gesunden Essen mit einem Glas Milch?

Erntedank nach Art der Fildern zeigt das kleine Bild. Hoffen wir, daß es dort auch noch in zehn oder zwanzig Jahren genügend Flächen gibt, auf denen die Bauern das berühmte Spitzkraut und anderes Gemüse bedenkenlos anbauen können. Sonst müssen die Zutaten für unser Gericht aus weniger stark besiedelten Gebieten erbracht werden.

Süsses zum Nachtisch und zum Kaffee

Kalte Apfelsuppe
Sauermilch-Kaltschale

KALTE APFELSUPPE
450 g Äpfel
20 g Butter
Zucker
1/8 Liter Riesling oder Most
1/4 Liter Apfelsaft
1/4 Liter Wasser
Gewürzbeutel mit 1/4 Zimtstange
1 Lorbeerblatt und 1 Nelke
1/2 Zitrone
Meerrettich

SAUERMILCH-KALTSCHALE
1/2 Liter Sauermilch
500 g Joghurt
abgeriebene Schale und Saft von 1 unbehandelten Limone
120 g Puderzucker
20 g Vanillinzucker

Als Einlage nach Jahreszeit:
Apfel- oder Orangenspalten, Bananen, Erdbeeren oder Himbeeren

Als Garnitur:
Zitronenmelisse und gehackte Haselnüsse

KALTE APFELSUPPE
Die Äpfel waschen und vom Kernhaus befreien. Einen davon beiseite legen, die übrigen in Streifen schneiden und in Butter anschwitzen. Etwas Zucker zugeben, mit dem Weißwein oder Most ablöschen, leicht einkochen lassen. Mit Apfelsaft und Wasser auffüllen, den Gewürzbeutel zugeben und etwa 1/2 Stunde köcheln lassen. Dann vom Herd nehmen, Gewürzbeutel entfernen und die Suppe im Mixer pürieren. Nach Geschmack mit wenig Zukker, Zitrone und frisch geriebenem Meerrettich abschmecken. Den zurückbehaltenen Apfel in dünne Scheiben schneiden und zugeben. Die fertige Suppe kalt stellen.

SAUERMILCH-KALTSCHALE
Die Zutaten ohne Früchte und Garnitur in einer Schüssel mit dem Handrührgerät gut verrühren. Die vorbereiteten Früchte in eine Schale geben und mit der Flüssigkeit übergießen, kalt stellen. Beim Servieren mit Zitronenmelisse und gehackten Haselnüssen garnieren.

Ob im eigenen Garten oder auf dem Markt – in manchen Jahren ist der Obstsegen so reichlich, daß der „Ernährungsminister" der Familie froh sein mag über jede Anregung, die schönen Früchte abwechslungsreich auf den Tisch zu bringen. Um so mehr, wenn der vielgelobte Apfelkuchen und alle Obsttorten schon ausgereizt sind. Die beiden so verschiedenen Gerichte dieser Seite können eine Mahlzeit erfrischend einleiten oder auch abschließen. Die Apfelsuppe sollte als Nachtisch etwas reichlicher gesüßt werden als angegeben, die Sauermilch-Kaltschale anstelle einer Suppe verwendet etwas sparsamer.

Rhabarber mit Erdbeeren

RHABARBERCREME MIT ERDBEEREN
3 Päckchen Gelatine
350 g frische Erdbeeren
200 g Rhabarber
80 g Zucker
100 ml Weißwein
2 Eiweiß
60 ml süße Sahne
Grand Marnier
Zitronensaft
Puderzucker

ERDBEER-RHABARBER-GSÄLZ
für etwa 8 Gläser:
500 g Rhabarber
1 kg Gelierzucker
500 g Erdbeeren

Tips:
Im zeitigen Frühjahr ist der Rhabarber einer der ersten frischen Boten aus dem Garten. Aber nur die jungen Blattstiele schmecken. Die Kombination dieses säuerlichen „Gemüses" mit den süßen Erdbeeren bietet sich an. Beim Gsälzeinkochen größte Sauberkeit: Die Gläser sehr heiß oder in der Spülmaschine spülen! Eine interessante Variante für Rhabarbergsälz: 1 kg Rhabarber mit 5–6 Stückchen kandiertem Ingwer, diesen sehr klein schneiden. Auch hierzu 1 kg Gelierzucker.

RHABARBERCREME MIT ERDBEEREN
Die Gelatine in kaltem Wasser einweichen. Die Erdbeeren waschen und von Blättern und Stielen befreien. Den Rhabarber waschen, soweit nötig schälen, in grobe Stücke schneiden und mit 60 g Zucker, 50 g Erdbeeren und dem Weißwein weich dünsten. Dann kurz mixen und durch ein feines Sieb passieren.
Dem noch warmen Fruchtmark die eingeweichte und ausgedrückte Gelatine zugeben und gut verrühren, dann kalt stellen. Die Eiweiß mit dem restlichen Zucker sowie die Sahne jedes für sich steif schlagen. Unter das ausgekühlte Fruchtmark zuerst das Eiweiß, dann die Schlagsahne unterheben. Zum Schluß die Creme mit Grand Marnier und Zitronensaft abschmecken und kalt stellen. Danach mit den restlichen Erdbeeren in verschiedener Schnittform und etwas Puderzucker garnieren.

ERDBEER-RHABARBER-GSÄLZ
Rhabarber waschen, schälen und in etwa 5 mm dicke Scheiben schneiden. In einem großen Topf lagenweise mit Gelierzucker bestreuen und mindestens 12 Stunden Saft ziehen und mürbe werden lassen. Erdbeeren waschen, abtropfen lassen, entstielen und zerkleinern, mit dem Rhabarber vermengen. Zusammen zum Kochen bringen und dann 4 Minuten sprudelnd kochen lassen, abschäumen. Die sauber gespülten Gläser auf einem feuchten Küchentuch, damit sie nicht springen, mit dem Schöpflöffel randvoll füllen, Twist-off-Deckel aufschrauben und für etwa 5 Minuten auf den Kopf stellen. Dadurch bildet sich ein selbstdichtender Rand.
Wenn Sie die alte Methode bevorzugen: Gummiringe und passend zugeschnittene Einmachhaut bereitlegen. Die Gläser nicht ganz so voll füllen, etwas abkühlen lassen, je einen kleinen Zuschnitt in einer mit hochprozentigem Rum oder Alkohol gefüllten Untertasse einweichen und auf die Gsälzoberfläche legen. Mit einem großen Zuschnitt und einem Gummiring zubinden.

Jeder Schwabe schwört darauf: Ein selbstgemachtes Gsälz ist durch gar nichts zu ersetzen – erst recht nicht, wenn man nach solchen Zusammenstellungen wie hier beschrieben sogar im Feinkostladen lange suchen muß.

Pfitzauf
Pfirsich auf Weinschaum

PFITZAUF
4 Eigelb
50 g Zucker
1 Prise Salz
½ Liter Milch
250 g Mehl
4 Eiweiß
60 g zerlassene Butter
abgeriebene Schale von
1 unbehandelten Zitrone
Puderzucker

PFIRSICH AUF WEINSCHAUM
3 Eigelb
40 g Zucker
⅛ Liter Weißwein
1 Spritzer Sekt
100 ml süße Sahne
4 Pfirsiche
4 Minzblätter als Garnitur
4 Kugeln Vanilleeis

Tip:
Die kleinen Weinbergpfirsiche mit ihrem hellen Fleisch sind aromatischer als die hochgezüchteten Sorten.

PFITZAUF
Eigelb und Zucker im Mixer schaumig rühren, Salz und Milch zugeben und dann löffelweise das Mehl einrühren, abgeriebene Zitronenschale zugeben. Schließlich das aufgeschlagene Eiweiß und die zerlassene Butter unterziehen.
Die gut eingefetteten Pfitzaufformen halbvoll mit dem Teig füllen und in den kalten Backofen auf die unterste Schiene stellen. Bei 180 °C 1 Stunde backen.
Nach Belieben Puderzucker darübersieben und noch warm servieren. Dazu kann man den Weinschaum aus dem nächsten Rezept, Vanillesauce oder eine Sauce aus Fruchtmark reichen.

PFIRSICH AUF WEINSCHAUM
Eigelb, Zucker, Wein und Sekt warm aufschlagen, dann sofort in Eiswasser kalt schlagen. Die Sahne unterheben.
Die Pfirsiche kurz in kochendem Wasser abschrecken, die Haut abziehen und die Früchte filetieren. Den Weinschaum auf Dessertteller gießen; darauf die Pfirsichspalten kreisförmig anordnen. Mit Minzblättern garnieren und mit Vanilleeis servieren.

Beide Rezepte finden sich in ähnlicher Form schon in „Oekonomisches Handbuch für Frauenzimmer. Erster Band welcher das Kochbuch enthält“ von F.[riederike] L.[uise] Löflerin [Löffler], „Mit Herzogl. gnädigstem Privilegium. Stuttgard bei Johann Friedrich Steinkopf“ erstmals 1791 und dann noch in vielen Auflagen erschienen. Der Weinschaum ist als „Chaud Eau *(Schodo.)“ auf Seite 611 zu finden, und unter der Überschrift „Pfizauf“ lesen wir auf Seite 500 f.: „Man nimmt ein halbes Pfund fein Mehl in eine Schüssel, rührt es mit etwas von einem Schoppen [etwa ½ Liter] Milch glat, dann 5 Eier daran und einen Vierling [125 g] zerlassenen Butter darein, behält von diesem nur soviel zurük, daß 12 Mödelein damit bestrichen werden können, rührt die Masse mit der übrigen inzwischen warm gemachten Milch vollends an, füllt die bestrichene Mödelein halb voll, bakt sie in frischer Hize, und überstreut sie vor dem Auftragen mit Zuker und Zimmet.“ – Unsere Empfehlung für Leser, die keine Pfitzauf-„Mödelein“ besitzen: Nehmen Sie feuerfeste Auflaufförmchen. Da sie meist kleiner sind, muß die Backzeit verkürzt werden.*

Dampfnudeln Ofenschlupfer

DAMPFNUDELN
20 g Hefe
200 ml Milch
330 g Mehl
Zucker
1 Prise Salz
abgeriebene Schale von
1 unbehandelten Zitrone
1 Ei
2 Eigelb
60 g Butter
¼ Liter süße Sahne

Für das Apfelmus:
4 Äpfel
20 g Butter
100 ml Weißwein
70 g Zucker
Zimt

OFENSCHLUPFER, ÜBERBACKEN
6 altbackene Wecken (Brötchen)
¼ Liter Milch
6 leicht säuerliche Äpfel
250 g Zucker
Zimt
5 Eier
½ Liter süße Sahne
50 g Butter

DAMPFNUDELN (unten)
Die Hefe in der Hälfte der lauwarmen Milch auflösen, mit etwas Mehl verrühren. Diesen Vorteig mit Mehl bestäuben und gehen lassen. Dann 2 EL Zucker, Salz, Zitronenschale, Ei, Eigelb und den Rest der Milch zugeben. Den Teig so lange schlagen, bis er Blasen wirft. Die Butter zerlaufen lassen und unter den Teig arbeiten.
Aus dem Teig etwa hühnereigroße Kugeln drehen, in eine ausgebutterte Form setzen und mit einem Küchentuch zugedeckt nochmals gehen lassen. Inzwischen den Backofen auf 170 °C vorheizen und das Apfelmus nach der Anweisung unten zubereiten. Wenn die Dampfnudeln gegangen sind, mit Zucker bestreuen, die Sahne angießen und im vorgeheizten Backofen etwa 30 Minuten backen.
Sehr gut paßt dazu Apfelmus: Die Äpfel schälen, vom Kernhaus befreien und grob schneiden. Die Schnitze in der Butter kurz anschwitzen, mit dem Weißwein ablöschen, Zucker und eine Prise Zimt zugeben und mitkochen. Die weichgekochten Apfelspalten im Mixer pürieren oder durch ein Sieb passieren. – Das Apfelmus wird noch warm zu den ofenfrischen Dampfnudeln gereicht.

OFENSCHLUPFER, ÜBERBACKEN (oben)
Backofen auf 160 °C vorheizen. Wecken in Scheiben schneiden und in etwas Milch einweichen. Äpfel schälen, vom Kernhaus befreien und fein schneiden. Eine Springform mit Backpapier auslegen und mit einer Schicht der eingeweichten Wecken füllen. Die Äpfel daraufgeben, mit Zimtzucker (etwa 50 g) bestreuen und mit den restlichen Wecken bedecken. Die verbliebene Milch, die aufgeschlagenen Eier, 200 g Zucker und die Sahne zusammenrühren und in die Backform gießen. Butterflocken auflegen und im vorgeheizten Backofen 1 ½ Stunden backen. Nach 1 Stunde die Form mit Alufolie abdecken.
Den Ofenschlupfer auf ein Tortenblech stürzen, mit etwas Zimtzucker und Butterflocken bestreuen und bei Oberhitze kurz überbakken. Lauwarm servieren. Wenn Sie wollen, können Sie einige Röschen Schlagsahne daraufspritzen.

Apfelküchle
Holunderküchle mit Eis

APFELKÜCHLE
20 g Hefe, ¼ Liter Milch
150 g Mehl
4 Äpfel
2 EL Zucker, 1 Prise Salz
abgeriebene Schale von
½ unbehandelten Zitrone
4 Eier, 50 g Sultaninen
50 g gehackte Haselnüsse

2 Stich Butter zum
Ausbacken
2 EL Zucker, 1 Prise Zimt

HOLUNDERKÜCHLE
12 Holunderblütendolden
100 g Mehl, 140 ml Milch
2 Eigelb
2 TL Zucker
abgeriebene Schale von
½ unbehandelten Zitrone
Salz, 2 Eiweiß
Fett zum Ausbacken
Puderzucker
4 Kugeln Vanilleeis
Schlagsahne

APFELKÜCHLE (unten)
Die Hefe in der lauwarmen Milch auflösen. Mehl in einer Schüssel vertiefen, die Hefemilch zugeben und verrühren. Die geschälten, entkernten und in Würfel geschnittenen Äpfel mit den übrigen Zutaten zugeben und gut vermengen. Den Teig mit einem Tuch abgedeckt an einem warmen Ort 20–30 Minuten gehen lassen.
Dann von dem Teig mit einem Eßlöffel Küchle abstechen und in der Pfanne mit Butter ausbacken. Die noch heißen Apfelküchle in Zimtzucker wenden und gleich servieren.

HOLUNDERKÜCHLE MIT EIS (oben)
Die voll aufgeblühten Dolden unter fließendem Wasser waschen und auf Küchenkrepp abtropfen lassen.
Das Mehl durchsieben und mit der Milch verrühren, die Eigelb mit dem Schneebesen unterschlagen. Zucker, die geriebene Zitronenschale und eine Prise Salz zugeben. Zuletzt die Eiweiß zu Schnee schlagen und unterheben. Den Teig etwas ruhen lassen.
Die Blütendolden am Stiel fassen und in den Teig tauchen, herausheben, etwas abtropfen lassen und im heißen Fett 2–3 Minuten goldbraun ausbacken. Mit Puderzucker bestäuben und mit Eis und Schlagsahne servieren.

Die Holunder- oder Fliederbeersträucher wachsen auf der Schwäbischen Alb und im Remstal wild an Wald- und Wegrand – meist kaum beachtet. Unsere Großmütter wußten die Dolden mit den schwarzen Beeren noch zu schätzen. Ein reichlicher Schuß Holunderbeersaft in einem Glas Mineralwasser wäre im Sommer eine zeitgemäße Erfrischung. Auch ein Gsälz aus Holunderbeeren, denen zu einem Drittel leicht säuerliche Äpfel beigemengt werden und dem Zitrone und eine Zimtstange die besondere Note geben, ist eine Delikatesse, die Sie kaum kaufen können. Unsere Küchle bekommen durch die frischen Blütendolden ihr eigenes Aroma.

Rhabarberkuchen
Kirschküchle

RHABARBERKUCHEN
Für den Mürbteig:
200 g Mehl
1 Messerspitze Backpulver
1 Prise Salz, 75 g Zucker
abgeriebene Schale von
½ unbehandelten Zitrone
100 g Margarine
1 Ei oder 2 Eigelb
1 EL Rum

Für Belag und Guß:
500 g Rhabarber
5–6 Eiweiß
200 g Puderzucker
125 g gemahlene Mandeln

KIRSCHKÜCHLE
Mürbteig von 150 g Mehl
800 g Kirschen
3 Eigelb, 80 g Zucker
3 Scheiben Zwieback
250 g saure Sahne
3 Eiweiß

Tips:
Das Rhabarberkuchen-Rezept können Sie auch für Johannisbeerkuchen verwenden. – Margarine macht den Mürbteig lockerer als Butter.
Die noch warmen Kirschküchle stellen für jede Kaffeetafel eine Abwechslung dar. An heißen Tagen können sie aber auch, mit Vanilleeis serviert, eine vollständige Mahlzeit sein.

RHABARBERKUCHEN (unten)
Das Mehl mit Backpulver vermischen und auf das Backbrett sieben. Salz, Zucker, Zitronenschale und die feinblätterig gehackte Margarine daruntermischen. Ei und Rum in eine Mehlgrube geben und untermengen. Rasch einen glatten Teig daraus kneten und dann kalt stellen.
Backofen auf 200 °C, Umluftherd auf 160 °C vorheizen.
Teig dünn ausrollen, eine Kuchenform damit auslegen und den Rand andrücken, den Boden mehrmals einstechen.
Für den Belag Rhabarber schälen und fein würfeln; wenn Sie im Umluftherd backen wollen, kurz vorkochen. Eiweiß zu Schnee schlagen, Zucker und Mandeln unterrühren. Die Hälfte dieser Masse mit dem Rhabarber vermischt auf dem Teig verteilen. Die restliche Eiweißmasse leicht darüberstreichen. Den Kuchen im vorgeheizten Backofen etwa 45 Minuten, im Umluftherd 30–35 Minuten backen. Damit der Guß nicht zu dunkel wird, ihn eine Weile mit Backpapier abdecken.

KIRSCHKÜCHLE (oben)
Den Mürbteig nach dem vorigen Rezept anfertigen und kalt stellen. Backofen auf 160 °C vorheizen.
Die gewaschenen Kirschen entsteinen. Eigelb und Zucker mit dem Handrührgerät gut verrühren, den geriebenen Zwieback zusammen mit der sauren Sahne zugeben.
Den Teig ausrollen und kleine Kuchenförmchen damit belegen. Mit einer Gabel einige Male in den Teig stechen, die Kirschen aufsetzen. Die Eiweiß steif schlagen und unter die Masse heben. Die Kirschen damit überdecken. Die Küchle im vorgeheizten Backofen backen, bis der Guß hellbraun ist (Backdauer etwa 20 Minuten).

Das „Universal-Lexikon der Kochkunst" von 1893 weiß zum Stichwort Rhabarber unter anderem: „... man zieht sie viel und in mancherlei Spielarten als Zierpflanze in den Gärten und benutzt seit den letzten 20–30 Jahren vorzugsweise in England, seit neuerer Zeit auch hier und da bei uns, die dicken Blattstiele ganz wie Obst, indem man sie als Compot, Marmelade, Zuthat zu Mehlspeisen, Kuchen, Suppen ec. zubereitet und einen sehr beliebten künstlichen Wein daraus herstellt."

Käskuchen Rotweinkuchen

KÄSKUCHEN
Für den Mürbteig:
180 g Mehl
120 g Margarine
60 g Zucker
2 Eigelb

Für den Belag:
250 g Quark
2 Eigelb
⅛ Liter Milch
35 g Rosinen
1 Päckchen Vanillinzucker
1½ EL Mehl
2 Eiweiß
2 EL Zucker
Butterflocken

ROTWEINKUCHEN
300 g Butter
300 g Zucker
⅛ Liter Rotwein
300 g Mehl
6 Eigelb
150 g Schokostreusel
1½ TL Zimt
1½ TL Kakao
1 Päckchen Vanillinzucker
1 Päckchen Backpulver
6 Eiweiß

KÄSKUCHEN (unten)
Aus den Teigzutaten rasch einen Teig kneten und kalt stellen. Den Backofen auf 160 °C vorheizen. Den Quark durch ein Haarsieb passieren. Eigelb, Milch, die grob gehackten Rosinen, Vanillinzucker und Mehl unterrühren. Den Mürbteig messerrückendick ausrollen und in einer eingefetteten Springform auslegen, mit einer Gabel einige Male in den Teig stechen. Eiweiß mit dem Zucker steif schlagen, vorsichtig unter die Quarkmasse heben und in die ausgelegte Form füllen. Im vorgeheizten Backofen 30–35 Minuten backen. Servieren Sie den Quarkkuchen noch lauwarm (also auf dem Blech aufschneiden, ohne ihn vorher zu stürzen) und reichen Sie zu jedem Stück eine Kugel Eis.

ROTWEINKUCHEN (oben)
Butter und Zucker cremig rühren. Den Rotwein hineinrühren, dann Mehl und Eigelb, nach und nach auch die übrigen Zutaten bis auf das Eiweiß, gut vermengen. Zuletzt das steifgeschlagene Eiweiß löffelweise unterheben. Den Teig in eine Kastenform einfüllen, in den kalten Backofen schieben und 15 Minuten bei 200 °C, dann noch 1 Stunde und 20 Minuten bei 180 °C backen.

Sie wissen ja: Quark ist kein Käse, aber man kann Käse daraus machen – oder einen herrlichen „Käskuchen". Und so geschieht es auch seit Menschengedenken in schwäbischen Küchen. Da lassen wir uns selbst von keinem Gewerbeaufsichtsamt hineinreden. So ebbes! Nur Bäker, Konditoren und Gastronomen müssen da vorsichtig sein – weil Quark ja noch kein Käse ist. Da steht dann vor lauter I-Tüpfeles-Tupferei „Quarkkuchen" geschrieben. So'n Käs!
Und nach so viel Tradition schlagen wir Ihnen als Alternative auch mal einen Rotweinkuchen vor – weil wir unseren Trollinger ja nicht immer nur trinken können. Sie werden sehen: au' kei' Gruschd!

Zwetschgenterrine im Marzipanmantel

200 g frische Pflaumen
50 g Zucker
4 EL Portwein
2 EL Armagnac
200 g Dörrpflaumen
30 g Marzipan
2 EL Zwetschgenwasser
3 Blatt Gelatine
15 g Walnußkerne
20 g geschälte Pistazien
20 g Pinienkerne
Filets von 1 Orange
15 g abgeriebene Schale einer unbehandelten Orange

Für den Marzipanmantel:
150 g Marzipan
40 g Puderzucker

Die Pflaumen entsteinen, mit Zucker, Portwein und Armagnac aufkochen, dann durch ein Sieb streichen. Die Dörrpflaumen vierteln und in dem passierten Mus aufkochen. Marzipan mit Zwetschgenwasser verrühren. Die Gelatine in kaltem Wasser einweichen, ausdrücken und im warmen Zwetschgenmus auflösen, die Marzipansauce unterrühren. Nüsse, Pistazien, Pinienkerne, die Orangenfilets und die geriebene Orangenschale daruntermengen. Die Masse in eine Kastenform füllen und über Nacht im Kühlschrank erkalten lassen. Die Marzipanmasse für den Mantel mit dem Wellholz auf Puderzucker ausrollen und um die kalte Terrine schlagen. Vor dem Aufschneiden nochmals durchkühlen lassen.

Die Wiener oder die böhmische Küche ist bekannt für ihre herrlichen Zwetschgenknödel. Wir Schwaben haben die Zwetschgentaschen aus Hefe- oder Blätterteig – und natürlich unser Hutzel- oder Schnitzbrot. Ein zeitgemäßes Kind dieser beiden mag die Zwetschgen- oder eigentlich Pflaumenterrine sein, mit einem Marzipanmantel umhüllt ein edles Dessert. Pflaumen sollte man den kleineren Zwetschgen vorziehen, da sie saftiger sind als diese.

Springerle
Fasnetsküchle

SPRINGERLE
4 Eier
500 g Puderzucker
500 g Mehl
1 EL Rum
1 Prise Hirschhornsalz
1 Prise Salz
Butter für das Backblech
2 EL Anis zum Bestreuen

FASNETSKÜCHLE
Hefeteig-Grundrezept:
500 g Mehl
15 g Hefe
50 g Zucker
¼ Liter Milch
1 TL Salz
1–2 Eier
50–75 g Butter

750 g Schweineschmalz oder 1 Liter Öl zum Ausbacken
Zimt und Zucker zum Bestreuen

Tips:
Die Springerle in einer Dose zusammen mit Apfelschnitzen aufbewahren, damit sie nicht zu hart werden.
Außer zu Fasnetsküchle läßt sich der Hefeteig auch zu verschiedenen Obstkuchen, Krapfen und zu Dampfnudeln verwenden.

SPRINGERLE (unten)
Eier und Puderzucker in etwa 20 Minuten gut schaumig rühren. Mit dem Mehl, dem in Rum aufgelösten Hirschhornsalz und dem Salz vermengt zu einem Teig kneten und diesen 1–2 Stunden ruhen lassen.
Auf der mit Mehl bestäubten Arbeitsfläche den Teig etwa 7 mm dick auswellen. Das bemehlte Springerlesmodel auf den Teig setzen und fest andrükken; so dicht an dicht fortfahren mit jeweils frisch bemehltem Model, bis die ganze Teigfläche bedruckt ist. Das eingefettete Backblech leicht mit Anis bestreuen. Die einzelnen Springerle von der Teigfläche abschneiden und mit dem Messer auf das Blech setzen. Mit einem Tuch bedeckt über Nacht trocknen lassen.
Am nächsten Tag den Backofen auf 150 °C vorheizen und dann die Springerle auf mittlerer Schiene etwa 25 Minuten backen, bis sie „Füßle“ haben, also hoch gegangen sind. Damit die Springerle oben weiß bleiben, nach 15 Minuten mit Pergamentpapier abdecken.
Von den fertigen Springerle noch daraufsitzendes Mehl abpinseln und das Gebäck einige Tage in einem kühlen Raum mit einem Tuch bedeckt stehen lassen, damit es zähweich wird.

FASNETSKÜCHLE (oben)
Das Mehl in eine Schüssel sieben und warm stellen. Die Hefe mit etwas Zucker und lauwarmer Milch anrühren und in einer Vertiefung des Mehls mit einem kleinen Teil davon zu einem dickflüssigen Vorteig verrühren. Leicht mit Mehl bestäuben und die Schüssel mit einem Tuch bedeckt warm stellen.
Wenn der Vorteig nach etwa 30 Minuten gut gegangen ist, daraus mit Zucker, Salz, Eiern, der zerlassenen Butter und dem Rest der lauwarmen Milch einen zarten Teig rühren und mit dem übrigen Mehl so lange kneten und schlagen, bis er Blasen zeigt und sich vom Löffel und Schüsselrand löst. Den fertigen Teig abgedeckt warm stellen, bis er nach etwa 1½ Stunden aufgegangen ist.
Das Backfett in einem Topf erhitzen. Den Teig fingerdick auswellen und mit einem Backrädchen rautenförmige Vierecke daraus schneiden. Nochmals gehen lassen und dann im heißen Fett schwimmend ausbacken. Noch warm mit Zimt und Zucker bestreuen – und bald essen!

Die Rezepte nach Gruppen

Soweit in den Rezepten nichts anderes angegeben ist, sind die Zutaten für vier Personen berechnet.

Mehl-, Kartoffel- und Gemüsegerichte

Süßes zum Nachtisch und zum Kaffee

Die Rezepte alphabetisch

Soweit in den Rezepten nichts anderes angegeben ist, sind die Zutaten für vier Personen berechnet.

Textquellen

S. 9: Sebastian Blau: „E' fei's Lokal", aus: Schwäbischer Herbst, © Deutsche Verlags-Anstalt, Stuttgart 1973; und S. 50/51: „Weinbergstaffel", aus: Rottenburger Hauspostille, © Konrad Theiss Verlag, Stuttgart 1976

S. 30: Bertolt Brecht: „Fröhlich vom Fleisch zu essen", aus: Gesammelte Werke. Die Gedichte (S. 1031). © Suhrkamp Verlag, Frankfurt am Main 1967

S. 52: August Lämmle: „Wandlung", aus : August-Lämmle-Schwabenbuch, © Stieglitz Verlag, Mühlacker

S. 20: Karl Lerch: „Spätzle-Brevier", © Verlagshaus Oertel + Spörer GmbH + Co., Reutlingen

S. 16: Heinz-Eugen Schramm: „Goge' ond Huser send koine Schmuser ...", mit freundlicher Genehmigung aus: Wia mr's nemmt, © Verlag Karl Knödler, Reutlingen; und S. 38: „Mehr sein, sagt der Schwabe, als scheinen ...", aus: Kaum zu glauben ..., © Verlag Karl Knödler, Reutlingen 1980

Bildquellen

Bavaria: 58 (M. u. H.), 60 (Hans Reinhard), 142 (Sauer)
Hans Joachim Döbbelin: 66
Bruno Hausch: 10
Erhard Hehl: 40/41, 42, 45 o., 45 u., 48/49
Huber: 176 (Jürgen Richter)
IFA-Bilderteam: 46 (Digul), 53 (Müller)
Foto-Ingeborg: 37 u.
Karlheinz Käppeler: 17, 22, 29 o., 31, 122, 158
Waltraud Klammet-Mochel: 34 o., 37 o.
Mauritius: 15 (Schwarz), 27 (Mehlig)
Friedhelm Messow: 6, 21, 23, 28, 36, 50, 102, 144
Thomas Pfündel: 33
Günther Schmidt: 2, 35, 47, 154, 164
Sigloch-Bildarchiv: 38/39 (Baumann); 29 u., 54/55, 62, 82/83, 86, 92/93, 114, 132/133, 166/167 und alle ungeraden Seiten von 57 bis 186 (Döbbelin); 13, 18, 72 (Hehl); 7, 68 (van Hoorick); 90 (Marco Schneiders); 12, 34 u. (Toni Schneiders); 8, 11, 19, 25, 32, 38, 43, 51, 110 (Spiegelhalter)
Studio für Landkartentechnik Hamburg: 4/5

Reproduktion: Otterbach Repro, Rastatt
Satz: Lihs, Satz und Repro, Ludwigsburg
Druck: W. Kohlhammer, Stuttgart
Papier: 135 g/m² BVS-plus glänzend, der Papierfabrik Scheufelen, Lenningen
Bindearbeiten: Sigloch Buchbinderei, Künzelsau
ISBN 3-89393-070-1

Reihenweise Kulinarische Köstlichkeiten

In gleicher Ausstattung sind weitere Titel lieferbar.